《艺术之约》（美术卷）

主　编／音　渭　林　锜

艺术之约

Renoir

雷诺阿

陈萍 音渭 编著

山西出版传媒集团
山西教育出版社

图书在版编目（CIP）数据

雷诺阿 / 音渭，林锜主编 ；陈萍，音渭编著. -- 太原 :山西教育出版社, 2015.9

（艺术之约）

ISBN 978-7-5440-5696-0

Ⅰ.①雷… Ⅱ.①音… ②林… ③陈… Ⅲ.①雷诺阿（1841-1919）- 传记 Ⅳ.①K835.655.72

中国版本图书馆CIP数据核字(2015)第054110号

艺术之约 · 雷诺阿

（YISHU ZHI YUE LEINUOA）

音渭、林锜 主编 陈萍、音渭 编著

出 品 人 雷俊林

策 划 人 孙 轶 魏雪萍

责任编辑 魏雪萍

装帧设计 王春声

出版发行 山西出版传媒集团 · 山西教育出版社

（地址：太原市水西门街馒头巷7号 电话：0351-4729801 邮编：030002）

印 装 山西臣功印刷包装有限公司

开 本 889×1194 1/32

印 张 8.125

字 数 126千字

版 次 2015年9月第1版 2015年9月山西第1次印刷

书 号 ISBN 978-7-5440-5696-0

定 价 31.90元

来赴一场艺术之约
（代序）

绘画是人类天生的艺术。人们从孩提时代，便懂得用简单的线条勾勒眼中的世界。

好花不长开，好景不长在，有人却能用画笔将一刹那定格成永恒；平凡的事，平凡的物，有人却能带人们发现它的美好，赋予其新的生命；有形的景，无形的情，有人却能将情感挥洒成动人心魄的色彩，唤起深深的共鸣。

这样的作品，这样的人，都是我们耳熟能详的。它们永恒地铭刻在人类文明史上，深植入我们的头脑，构成我们基本的常识。这套书，便是一封跨越世纪的邀请函，翻开它，来赴一场艺术之约。

它讲的是美术家的人生，同时用人生的河流串起每一处绝妙的风景，也就是他们的作品。他们的生命从哪里开始，他们有怎样的家庭、怎样的童年、怎样的爱情、怎样的病痛，又怎样成长、怎样探索、怎样谋生，那些伟大的作品又是在什么情况下诞生……你会在这里一一找到答案。

他们其实不是艺术圣坛上那一张张用来膜拜的画像，而是跟我们每个人一样，有血有肉，有哀有乐。米勒有一个温暖快乐的童年；雷诺阿生了一个成为20世纪著名导演的儿子；高更最先是一位从事金融业、收入丰厚的绘画“票友”；梵高直到生命的最后一年才卖出一幅画；毕加索情人无数，80岁时还迎娶了35岁的妻子；蒙克一生在亲人去世、病痛、烟酒、精神癫狂中度过，却活到81岁高龄……每一幅经典画作，不再是展览墙上的木框，而是与鲜活的生命相联系。你从未如此真切地感受那些线条与色彩是由怎样的双手来勾勒。

当这许多位美术家汇集到一起，又串起了一部美术史，他们是美术史的链条上最璀璨的珍珠。每一本书都不是孤立的，而是互相呼应，他们是自己的传主，同时又是其他传主的背景。有时，几位名家同时出现或前后承接，你会发现他们在时间和空间上竟如此相近。你仿佛徜徉在巴黎的卢浮宫，漫步在枫丹白露森林，沉浸在浓厚的艺术氛围中。你看到他们在塞纳河畔背着画夹写生，在学院的画室研究着比例与笔法，在街角烟雾缭绕的酒馆进行着思想的争鸣，在为参加各种沙龙而忙着选画、贴标签、装箱、布展……

你的美术素养不再停留在知道几幅画作、几个名字上，你与艺术的联系更加紧密。你会在一场美术展览中关注画作的派别和技巧，你会在子女接受美术教育时找出最经典的画作，你会在某个地方旅行时说出哪位美术家曾与你走过同一段路。

更重要的——你会更加深刻地感受到艺术的美好。面对安格尔的《泉》，你是否为少女洁白自然的胴体而赞叹？面对米勒的《晚钟》，你是否为农民的虔诚、宁静、纯洁而感动？面对雷诺阿的《煎饼磨坊的舞会》，你是否听到阳光在树叶的空隙中欢跃喧闹？面对梵高的《向日葵》，你的双眼是否被那火焰般的明亮点燃？

林 锜

2015 年 6 月于北京

目　录

第1章：画坛“教皇”的童年

明日之星

在费城艺术博物馆，驻足于画作《大浴女》前，我们为它明亮鲜艳的色彩所震惊。那阳光下丰腴的裸体充满了生命的活力，展现了女性美的光辉。这幅举世闻名的油画就出自印象派绘画大师皮埃尔·奥古斯特·雷诺阿之手。世人结识雷诺阿，也许就是因为他的女性肖像画。

利摩日，法国中部一个古老的城市。让利摩日人民引以为傲的有两样东西：一个是高级精致的白瓷；一个是雷诺阿。利摩日，这个以瓷器蜚声世界的城市，以它特有的艺术气质供养了一个为世人所铭记的艺术家。利摩日的山水给了雷诺阿一双浅栗色的、近似琥珀般的、敏锐的眼睛，给了他一双能让初次见到他的人就对他印象深刻的手。这双手握着的画笔，为后人描绘了漂亮的花朵、天真的儿童、美丽的景色和可爱的女人。

雷诺阿

利摩日

1841 年 2 月 25 日，这是一个所有利摩日人民都应该记得的日子。就在这一天，著名的印象派大师皮埃尔·奥古斯特·雷诺阿诞生于一个贫穷的裁缝家里。这个穷裁缝就是雷诺阿的父亲列奥那尔·雷诺阿。生下这个明日之星的伟大母亲是玛格丽特·梅尔莱。雷诺阿出生证上的正文部分写着：

“列奥那尔·雷诺阿，裁缝，现年四十一岁，住圣德·卡德琳大街，于今日一八四一年二月二十五日下午三时前来市政府，当面向利摩日市长先生的助理展示了一名男性婴儿。该男婴由他现年三十三岁的妻子玛格丽特·梅尔莱于当日清晨六点在家中所生。”

奥古斯特·雷诺阿是这个家里的第六个孩子。虽然家里的前两个孩子不幸夭折，但他还有两个哥哥亨利、维克多和一个姐姐丽莎，一个弟弟爱德蒙。雷诺阿的祖父是弗朗索瓦·雷诺阿，祖母是安娜·雷尼埃，他们在法兰西共和四年霜月二十四日即 1796 年结为夫妇。弗朗索瓦·雷诺阿出身贵族世家，后来遭遇了家破人亡的变故，被一位木鞋工人收养，就随了养父的姓，叫雷诺阿。

雷诺阿的父亲列奥那尔·雷诺阿的裁缝手艺不错。他工作很认真，不允许孩子妨碍他的工作，但家里仍然很穷，他只希望孩子们赶快长大，学得一技之长，以贴补家用。此时这位沉默严肃的父亲并不知道，这个还在襁褓中的婴儿会是19世纪印象派最年轻的也是最受欢迎的大师。

命运是个不可思议的东西，预料之外的将来让人生充满了魅力。而人生，就是惊与喜的结合。谁又能想到，雷诺阿就是这个家里的明日之星呢？

初到巴黎

1845年祖父逝世，为了过上更好的生活，父亲带着一家人迁居巴黎。这一年，雷诺阿才四岁。这次搬家意义非同寻常，它是雷诺阿命运的转折点。如果没有巴黎的生活，就没有与卢浮宫的缘分；没有这缘分，也许就没有后来的雷诺阿。

父亲为搬家做了大量的准备，变卖了一切绝对用不上的东西。出发那天，小雷诺阿穿上了父亲亲手给他缝制的粗呢上衣，和哥哥姐姐一起坐上了去往巴黎的公共马车。马车里空气不流通，闷得像一个流动的匣子。走了没多久，

巴黎街头

姐姐丽莎就晕倒了，脸色惨白的样子把小雷诺阿吓哭了。经验丰富的马车夫立刻把姐姐抱出了马车，让她坐在自己旁边，给她喂了一点烧酒，姐姐才慢慢苏醒过来。搬家的旅途漫长而艰苦。晚上，小雷诺阿和父亲睡在马棚的麦秸上，母亲和姐姐则睡在驿站的小房间里，这样颠簸的日子持续了两个多星期。

马车带着雷诺阿一家绕进了巴黎的一条小街道就停了下来，小雷诺阿下了车，他惊喜地张望着四周，看到旁边有一个肉铺，卖肉的站在店前招呼着客人。一群孩子带着脏兮兮的宠物狗，吹着口哨从他身边经过。几个妇女在不远处的喷泉的蓄水池里打水，慢慢地往家里抬。一个卖糖的小贩看到了小雷诺阿，就飞快地走过来，笑眯眯地兜售他的糖："孩子，要糖吗？买一包吧！"说完就拿起一个小锤子使劲地敲他手中的圆锥形糖块，敲碎的糖块散落在他胸前的方形木板框内，发出"叮叮笃笃"的响声。小雷诺阿赶紧躲到父亲的腿后面，探出头来看着那个卖糖的人。他摇了摇父亲的腿，轻声说："爸爸，我想吃。"没有办法，父亲只好从口袋里掏出钱来给他买了一小包。"吃糖咯，吃糖咯！"小雷诺阿揣着他的糖高兴得又蹦又跳。

新家所在的地方叫作卢浮宫区，父亲在区里的图书馆街上租了一个套间住了下来。"哇！妈妈快看，站在这里看得到那边的喷泉！"小雷诺阿第一次看见这样的房子，他很喜欢这个房子，在楼梯上跑上跑下的。吃过晚饭，小雷诺阿跟着父亲到附近的广场上玩耍。广场很热闹，大家都在那里跳舞，还有人拉着提琴伴奏。第一次看见这样热闹的场面，小雷诺阿可高兴了。来到巴黎的第一天就这样过去了。

巴黎，是艺术家的天堂，它激发着他们的创作灵感。虽然不是生在巴黎，但雷诺阿一直认为自己就是巴黎人，因为他长在巴黎，学在巴黎，失败在巴黎，成功也在巴黎。

巴黎的生活深刻地印在了雷诺阿的脑海里，为他日后的创作积累了素材。雷阿诺很看重巴黎市区那些富丽堂皇的建筑，他庆幸自己能在这样豪华的地方成长。

结缘卢浮宫

巴黎是一扇艺术之窗，透过这扇窗，雷诺阿看到了艺术的魅力。命运之神把雷诺阿引向了巴黎，一直引到了卢浮宫，卢浮宫就像一位长者，指引着雷诺阿，给了他艺术的启蒙。

有一天，雷诺阿从房间的窗子往外看，他看到一群鸽子停在了一个高耸的屋顶上，那高高的建筑吸引了雷诺阿。“妈妈，那是什么地方?”妈妈顺着他手指的方向，看到了那座建筑，告诉雷诺阿：“孩子，那就是卢浮宫啊。”“那它是干什么的呢?”雷诺阿很好奇。“我也不知道，听说是放宝贝的。”妈妈一边缝衣服，一边回答。“卢浮宫？放宝

《米洛斯的维纳斯》

时期：希腊时期（公元前 1 世纪）

材质：大理石

规格：高 204 厘米

作者：亚历山德罗斯

卢浮宫

贝的？要是能看看就好了。”雷诺阿想。妈妈的知识毕竟有限，但是她的话让卢浮宫在雷诺阿心里有了一个模糊的印象，激起了他对卢浮宫的向往。没过多久，这个小小的愿望就实现了。

卢浮宫，是巴黎的心脏，位于巴黎市中心塞纳河的北岸。鸟瞰卢浮宫，它的整体呈“U”形，占地面积 24 公顷，建筑物占地面积为 4.8 公顷，全长 680 米。它是世界上最著名、最大的艺术宝库之一，是法国举世瞩目的万宝之宫。卢浮宫始建于 1190 年，最初是菲利普·奥古斯特二世的城堡。1793 年 8 月 10 日，卢浮宫艺术馆正式对外开放，成为博物馆。卢浮宫里收藏着很多举世闻名的艺术品，如米开朗基罗的雕塑《胜利女神》。卢浮宫是艺术家向往的殿堂，有多少艺术家一生梦寐以求的就是看到自己的作品在卢浮宫展出啊！

雷诺阿第一次参观卢浮宫，是和父亲一起去的。那天早上，雷诺阿在父亲的工作间里玩耍，整个上午店里都没有客人光顾，父亲就带着雷诺阿到街上去玩。走着走着，不知不觉就到了卢浮宫。雷诺阿看着面前这座宏伟的建筑，就问父亲：“爸爸，里面真的像妈妈说的一样有宝贝吗？”父亲也不知道里面到底有什么，就拉着雷诺阿走进去。刚走到展厅的门口，雷诺阿就看到了好多栩栩如生的雕塑，眼睛鼻子都像极了真的人。“爸爸，那个人的雕像雕得真像啊。”雷诺阿停下脚步，歪着头看着一个女性的雕塑。爸爸蹲下来看着儿子忽闪忽闪的大眼睛，问他：“你喜欢这个雕塑是吗?”雷诺阿点点头，又跳着走开了。“一个孩子也喜欢这些?”爸爸疑惑地看着雷诺阿。走到另外一个展厅，一幅幅漂亮的油画映入眼帘，画里的花鲜艳欲滴。雷诺阿很想伸手去摸一摸画上面的花，他从来都没有看过画得这么美的花。他心里高兴极了，拉着父亲的手一个劲儿地说：“爸爸、爸爸，长大了我也要画一幅这样的画，挂在这里的墙上，我要让很多人都看我的画。”父亲笑了笑，摸了摸雷诺阿的小脑袋，答应让他经常来卢浮宫参观。这时，喜爱绘画的种子已经撒落在了小雷诺阿的心里。

父亲和母亲带雷诺阿到卢浮宫参观了很多次。后来，雷诺阿一家搬到了马莱区的格拉维利埃街，虽然离卢浮宫远了一点，但他还是经常到卢浮宫去。卢浮宫给了雷诺阿初期的绘画启蒙。在这座汇聚着艺术珍品的殿堂里，雷诺阿领略到艺术令人着魔的魅力，他感受到了一股发自内心的对美的激情。在卢浮宫里看画，既是欣赏，也是学习。少年时期，雷诺阿进入瓷器厂当学徒，每到午餐时间他就会到卢浮宫里学习。

在卢浮宫的初期启蒙下，雷诺阿在后来的日子里花了整整二十年的工夫去发现绘画的秘密，他二十年如一日地去领略大自然的美。雷诺阿曾亲口说过：“真正要学到东西，还是只有去卢浮宫，当我在格莱尔画室学习的时候，依我看，卢浮宫就等于德拉克洛瓦。”卢浮宫就像老师，指导着雷诺阿。雷诺阿对卢浮宫也有着深厚的感情，他热爱这座殿堂。艺术让人疯狂，当那些狂热的革新派画家们建议把曾经代表过古典主义的卢浮宫烧掉时，雷诺阿强烈地反对，坚决捍卫卢浮宫的存在。

雷诺阿在去世前终于有机会看到自己的作品在卢浮宫里展出。那是雷诺阿最后一次踏进卢浮宫。卢浮宫的礼遇，让雷诺阿感到无比幸福，他说：“假如我在三十年前坐着轮椅进卢浮宫，可能会被逐出门外，幸亏长寿才使我有了这次机会，我是一个幸福的人。”

爱上涂鸦

时间过得真快，转眼间，爱玩爱跳的雷诺阿到了上学的年龄。家里向来很重视对孩子的教育，特地给他置办了新衣服和新书包。雷诺阿的学校是由基督教教友开办的，离家很近。每天，雷诺阿就穿着家里给他买的学生罩衫，背着一个皮书包去上学。

雷诺阿在班上是个聪明、文静的孩子，爱好广泛，喜欢唱歌和涂鸦。他最先表现出来的天赋是唱歌，他有一个轻快自如的男中音歌喉。老师不愿意荒废他的天赋，想着要把他培养成歌唱家，就设法让他加入了圣欧斯达希教堂著名的唱诗班。唱诗班的指挥是年轻的作曲家夏尔·古诺，古诺最喜欢雷诺阿，他单独给雷诺阿上课，教他作曲的基本常识，训练他独唱。唱歌是个费力的事情，为了表演节目，雷诺阿每天都要排练。可雷诺阿不喜欢排练，他不喜欢跟着老师亦步亦趋地学唱歌。渐渐地，他就不去唱诗班唱歌了。

兴趣是学习之母，那个时候的雷诺阿对音乐失去了兴趣，却对涂鸦产生了极大的兴趣，他觉得涂鸦能自由发挥想象力，描绘出想要的形象。他总是喜欢在练习本上涂鸦，有时候甚至画在作业本上。老师对此很生气，指着他交上去的练习本说："雷诺阿，你不要把那些乱七八糟的画涂抹在作业本上。"雷诺阿听了老师的话，点点头。可是没过几天，他交上去的作业本上又有了乱七八糟的涂鸦。为此，老师气急败坏地找到雷诺阿，对他说："我已经明确地跟你说过，不准在作业本上乱涂乱抹！你还这样！伸出手来！"对付不听话的学生，老师会采取打手指的惩罚。他颤颤巍巍地伸出小手，紧紧地握住拳头，不让老师打他的手指。他害怕老师把他的手指打坏了。老师想掰开他的拳头，可他就是不松手。他哭着对老师说："老师，您别打我的手指，好吗？您就打拳头吧。"老师听了他的话就愣了。老师想：这孩子还真奇怪，自己只不过是想吓唬吓唬他罢了，小拳头还攥得这么紧。

虽然差点儿挨了打，雷诺阿还是改不了这个习惯。他最喜欢上的课是美术课，每节课他都很认真地学画画。买不起画纸，他就悄悄地用父亲量衣服的粉笔在地板上画，时间长了，父亲的粉笔越来越少。父亲对此很生气，可是看到儿子这么想画画，又舍不得骂他。有一次，雷诺阿正聚精会神地在房间的地板上画画，连父亲在楼下喊他都不知道，父亲只好到房间里去叫他。推开房门的那一刻，父亲惊呆了，他不敢相信自己的孩子能把自己做衣服的样子画得这么像！他很激动，走过去一把把雷诺阿抱起来，狠狠地亲了两口。母亲看了雷诺阿在地板上的杰作，也欣喜地说："奥古斯特眼力好，将来会搞出点儿名堂来的。"父母亲都觉得雷诺阿在房间地板上画的人像很成功，就去买了练习簿和铅笔作为礼物送给雷诺阿。得到了父母的赞赏，他对画画更充满了信心，更喜欢画画了。雷诺阿果然没有辜负母亲当日的预言，成为了一名伟大的画家。

白瓷上的彩绘家

13 岁的时候，雷诺阿已经长得像大人一样健壮了。此时哥哥亨利已经被一个金银匠收去当学徒了。哥哥心灵手巧，在店铺里干得很出色，经常被老板夸奖，几个星期的时间就赚了不少钱。哥哥就拿着这些钱在外面租了一个房子自己住，家里原来的房间就给了雷诺阿。雷诺阿高兴极了，他终于拥有了一间属于自己的卧室，再也不用睡在客厅里的长椅上了。父亲对能干的哥哥赞不绝口，把他作为兄弟们的榜样。看着意气风发的哥哥，雷诺阿很羡慕，他很想去当一名画工，这样就能像哥哥一样赚钱了。

恰好，雷诺阿的想法符合父亲的期望。父亲一直希望儿子们能继承家乡利摩日的瓷器业传统，然后开一个瓷器工厂。在父亲的建议下，雷诺阿就退学到父亲朋友的瓷器厂里当了画工。雷诺阿跟着老板到了一个瓷器加工厂，这个瓷器厂主要是加工瓷器，给瓷器绘图上色。在一个大厅里，雷诺阿看到很多与他年龄相仿的人正低着头认真地用细细的笔在粗糙的瓷器上描绘各种漂亮的花纹。在另外一个大厅里，雷诺阿看到了很多装饰着精细花纹的花瓶和质地细腻的盘子。他很喜欢这些瓷器上的花纹和它鲜艳的色彩，他暗自想：以后我也要亲手设计图案，将绚丽的颜色描在花瓶上，然后拿到展览馆里展出。雷诺阿很喜欢这些漂亮的瓷器，后来他回忆说："这不是些出奇的东西，然而令人满意。笨拙的笔触可以向我们展示作者内心的梦想。"

刚开始的时候，雷诺阿的工作是烧窑。这项工作很难，别人都不愿意去干。雷诺阿并没有抱怨什么，默默地接下了工作。他通过细致的观察，发现了烧窑的诀窍：原来可以通过熔化过程中釉的颜色去判断炉内的温度啊！很快雷诺阿就学会了如何调节炭火的强弱度。这个工作很累，每天都要承受高温的炙烤，雷诺阿每天都忙得满头大汗。工友心疼他，让他歇歇，他擦擦头上的汗，又继续干起来。在这里，雷诺阿认识了烧窑的老工人，他经常向老工人请教。老工人很喜欢雷诺阿，看在他谦虚好学的份上，就耐心地向他传授烧窑的诀窍。老工人很喜欢喝酒，一到空闲的

利摩日瓷器

时候，就慢慢地品尝着自己带来的劣质葡萄酒，一边喝一边哼着歌。可是在烧窑的时候，老工人是滴酒不沾的，一次焙烧，前后要十二个小时，这段时间老工人一点儿也不会马虎。他经常拍着雷诺阿的头，粗声说："小子！瓶子的颜色由暗红变成樱桃红，不能让它变得太快。还有一点，不能让火灭了，要不然瓶子会损坏。你要爱护这些瓶子，你怎么对它，它就怎么回报你。"老工人认真工作的态度深深感染了雷诺阿。从老工人身上，雷诺阿学到了一个生活的真谛：认真对待生活，生活也会认真回报你。这些认识指导着他日后的生活。

当烧窑工没多久，老板又让雷诺阿去干别的工作了。这次，老板让他去画简易的边缘花纹，叮嘱他不能画主要图案。不能画就不画吧，雷诺阿开始了他简单的绘图工作。一天，雷诺阿正在画花瓶上的边缘花纹，一个画主要图案的画二临时有事就走了，留下了未画的花瓶和调好的颜料。雷诺阿看到那些颜料，心血来潮，就停下自己手上的工作，悄悄地干起了那个画工的工作。他又调了一些颜料，使得颜色更加鲜艳，然后就画了起来。正当快要画完的时候，老板进来了，雷诺阿慌慌张张地站起来。老板看到雷诺阿不在自己的位置上，以为他偷懒不干活儿，就怒气冲冲地走到他面前，刚要开口训斥他的时候，老板被眼前的一幕惊呆了。天啊，面前的花瓶上竟然出现了一幅王后玛丽·安托瓦内特的侧身像。这可是他从来没见过的图案，而且还如此形象逼真。画上的王后高贵典雅，身上的衣服色彩鲜艳，头上还带着晶莹剔透的宝石王冠，这幅图案画得还真是不错。雷诺阿看到老板的样子，心里忐忑不安，赶紧放下画笔，回到自己的位置上。这个矮胖的、鼻梁上架着一副厚镜片眼镜的老板仿佛发现了一件宝贝似的，突然大笑起来，走过去拍着雷诺阿的肩膀，说："干得好，年轻人！这画像你是怎么想到的?"这时，雷诺阿才松了一口气，说："噢！这是我从书上看到的。我觉得好看就画上去了。"

从那天起，雷诺阿就得到了老板的许可，可以光明正大地画主要图案了，可是他还是要负责画边缘花纹。时间久了，雷诺阿画画的速度变得飞快，刷刷几笔，一幅图案就在瓶身上出现了。他一口气能画几百个花瓶。工资是计件发放的，画得快就赚得多，他赚的钱和哥哥赚的一样多了。他从来没有拿到过这么多的钱，这给了他梦寐以求的经济上的安全感。他很高兴自己终于能成为家里的帮手，有了钱，母亲再也不用为买食物而发愁，父亲也不用每天忙到后半夜了。

老板是个精明的商人，在他眼里雷诺阿就是“一个不声不响的文质彬彬的孩子”，他想让雷诺阿在瓷器厂里当长工，可是又不想多付给雷诺阿工钱。姐姐丽莎很疼爱弟弟，她很不情愿弟弟在瓷器厂里打工。但雷诺阿有自己的想法，他想留下来。他对姐姐说：“姐姐，我想继续干下去，在那里既可以画画，又可以赚钱。多好的机会啊。”姐姐听到弟弟这么说，也就同意了。

在瓷器厂里的工作逐渐稳定下来。白天，雷诺阿在瓷器厂里和其他画工一起作画；晚上，他和几个要好的朋友一起到大街上逛，一起去喝酒。善于观察的雷诺阿记住了这些朴实的生活印象，在日后的作品中表现出了生活的美。他在自己的札记中写道：“……保持着一种朴质无华的生活……心中充满着美丽的意念，顺顺当当地画出要表达的装饰画。”

雷诺阿画的盘子很畅销，他收获了成功带来的喜悦。看着自己画的盘子源源不断地被卖出去，他更坚定了画画的信心。他咬咬牙，花钱买了一盒彩色颜料，换了新的调色板、刮刀和盛颜料用的小碟，还买了一个折叠式的小画架。画瓷画的时候，他喜欢在花瓶上画他喜欢的图案，他试着临摹《大师笔下的奥林匹斯诸神》一书中的裸女。在临摹的过程中，他慢慢发现女人可以呈现出特殊的艺术美。凭着对女性的独特审美，他便去说服老板让他按自己的想法来画，可固执的老板觉得这样的盘子一定卖不出去，就一口否决了他的建议。老板的态度打击了雷诺阿工作的积极性，他发现，在瓷器厂里画画是能得到锻炼，可是要想掌握系统的绘画技巧，必须得到美术学校去。工厂里的一个工友在不久前就去了巴黎美术学院学绘画，临走前还把自己的一些工具送给了他。看着工友一脸自豪的样子，雷诺阿下定决心，要好好赚钱，等攒够了钱，就去学校学画画。

利摩日瓷器的生产步骤：从采石场中提取高岭土，并运到工厂，黏土晒干并去除可见杂质，获得拥有光滑质地的黏土。通过固定的丝网，形成球并送到工厂，黏土随后被反复摔打和揉捏，以去除气泡。车工们用小刀在一个轮状模型里修理黏土，再次模塑以除去杂质，并进一步塑型每件瓷器。在低温条件下，瓷器在巨大的烤炉中被烧烤，低温烧烤后的瓷器被浸泡在长石和石英粉混合的水乳液中。浸泡过的瓷器在非常高的温度环境下再次烧烤 30 至 45 小时。工作的男子对整个筹备工作和烧制过程负责。被烧制的瓷器经检查是无瑕疵的，就可以被打磨和抛光。这些瓷器是好的、纯白色的瓷器，是当时最流行的品种，但是一些瓷器并没有完全流传下来。瓷器艺术家添加装饰画并进行最后的润色，他们通常在家中工作。绘好的瓷器在低温条件下的小烤箱中烧烤以便最后形成装饰瓷器的图案。在瓷器工厂工作很辛苦，每天工作长达 14 个小时，灰尘和化学品对身体是非常不利的。因此，工人们患肺结核和其他疾病是很常见的。

失 业 磨 难

谁也没有料到，往日红红火火的瓷器作坊会一朝衰败，画工们也失业了。1858 年，法国基本完成工业革命，机器大生产取代了手工作坊，人们发明了机器来印制瓷器上的花纹图案，机器取代了作坊里的工人，雷诺阿所在的工厂倒闭了。他在瓷器厂里干了四年多，17 岁的他竟然失业了，瓷器厂没了，他只得去另谋生计，靠打零工赚钱。

雷诺阿整天在巴黎的大街上寻找工作的机会，每天都为工作而烦恼。一天，他在一家咖啡馆门口遇到了以前要好的小学同学，同学家里是专门制作防雨帆布窗帘的，恰巧，正要雇一个窗帘画工。雷诺阿从来没有想过要去当一名窗帘画工，他觉得自己没有经验，害怕干不好。在同学的鼓励下，雷诺阿就跟着他到了窗帘店。店主让雷诺阿试试在窗帘帆布上画一幅画，以此来判断能不能录用他。雷诺阿凭着在瓷器厂里当画工打下的基础，很快就画出了一幅很好的彩云图。店主当场就录用了这个具有绘画天赋的画工，还答应多给他一点工钱。

雷诺阿又得到了一份赚钱的工作，窗帘画工的活儿不重，只要把客人订制好的窗帘画好就可以收工。他的空闲时间比较多，就又去找了一份在咖啡馆里画壁画的兼职。雷诺阿很能干，只用了两天就完成了一个正常的承包商必须用一周工夫才能完成的任务。画壁画很辛苦，他在脚手架上小心翼翼地来回走动，就像杂技表演一样惊心动魄。后来雷诺阿回忆说："画那玩意儿，你整天爬在梯子上，鼻子对着墙面。"

从 13 岁到 20 岁，雷诺阿经历了七年多的画工生活，但这些辛苦都是值得的，几年的磨炼，锻炼了雷诺阿敏锐地发现美的技能；观察瓷器颜色的变化，让他体会到了颜色变换的魅力；那些美丽的瓷画色彩，让他对绚丽的色彩情有独钟，给了他进一步的美术启蒙。这些认识日后都体现在了他的画作上。他学会了如何利用画画赚钱，巧妙地把艺术和谋生融合到了一起。七年的时间，雷诺阿并没有像评论家说的那样徘徊在艺术殿堂之外，反而是真正融入艺术之中。因为不论是瓷器厂还是窗帘店，都是充满艺术气息的地方。瓷器是易碎的物品，要求每个人小心翼翼地对待它，把它当成艺术品来看，这样它才能按照人们的想法呈现出美的光辉。雷诺阿从中领略到了生活中最主要的两样东西：艺术和爱。

法国工业革命：19 世纪 20—60 年代，法国工业生产中以机器为主体的工厂制度代替以手工技术为基础的手工工场的一场变革。从波旁王朝复辟时期（1815—1830）的后半期开始，到路易·波拿巴（1778—1846）当权的第二帝国（1852—1870）末期基本完成，前后大约经历了半个世纪。

第2章：踏上绘画旅途

初学格莱尔

给瓷器画图案只是一个需要画画的工作，而雷诺阿真正踏上绘画旅途开始于格莱尔画室。雷诺阿一直想进入正规的美术学校学习绘画，他向家人说了自己的想法。姐夫勒莱是个见过世面的人，他看到了雷诺阿的绘画天赋，建议他到格莱尔的画室去学画画。夏尔·格莱尔是法国 19 世纪古典主义画家。在法国 19 世纪的画家中，他属于擅长运用古典主义表现手法描绘浪漫主义情趣的那一类画家，比如他的《傍晚》。这类画家很难归属到哪一个流派，他们的艺术观念和画法不是单纯的，是相互交织在一起的。格

《傍晚》　夏尔·格莱尔

《达韦尔少校》　夏尔·格莱尔

莱尔画室是个私人画室，在巴黎很有名气，很多人都想成为画室里的一员。可是格莱尔是个脾气古怪的画家，他从不轻易收徒弟。格莱尔也是个喜欢让学生画素描的老师。当时流传着古典主义画派大师安格尔的名言“一幅画的表现力取决于作者的丰富的素描知识；撇开绝对的准确性，就不可能有生动的表现。掌握大概的准确，就等于失去准确。那样，无异于在创造一种本来就毫无感受的虚构人物和虚伪的感情”。

雷诺阿很想学小人物的素描，1861 年，还是画工的雷诺阿凭着一股好学的劲头去拜访了格莱尔。那天去拜访格莱尔的时候，他有点儿紧张，把自己画好的几幅画拿出来，放在格莱尔面前，焦急地看着格莱尔的脸。格莱尔不紧不慢地拿起来，细细地端详了一会儿，就把他还给了雷诺阿。雷诺阿以为格莱尔已经拒绝了自己来画室的申请，只好收拾东西准备离开。可是正当他要推门离开的时候，格莱尔冲他说了一句：“年轻人，你虽然笨，但画得还不错，以后来

夏尔·格莱尔（1808—1874），法国 19 世纪古典主义画家。主要作品有《达韦尔少校》《傍晚（消逝的幻觉）》。

这里画吧。”雷诺阿得到了这个古典主义画家的允许，终于成为画室里的一员。雷诺阿把这个消息告诉了家人，姐夫勒莱为了祝贺他的成功，破费请他去喝了上好的葡萄酒。

雷诺阿在工作之余，就会到格莱尔的画室去。第一周的时候，雷诺阿还不太适应老师的古怪脾气，他来到画室后，安静地坐下来画画，一声不响。格莱尔慢慢地走到雷诺阿面前，看着他画。雷诺阿在很认真地画着前面的实物，可是心里仍然在打鼓，他不知道格莱尔是怎么看待他的画的。由于心里不安，他的画笔也就随着他的心任意地在纸上游走。格莱尔看着他的画，冷漠地说：“您大概是为了消遣才画画的吧?”“当然。”雷诺阿愣了一下，脱口而出，“如果没有兴趣，请相信，我是不会画画的!”说完这句话后，雷诺阿有点害怕了，他不确定老师是否懂得他的意思，这句话可能会让老师产生误解，他担心老师会觉得自己就是一个来消遣的坏学生。雷诺阿后来回忆说：“以前在画室，我曾让那可怜的格莱尔吓得发愣。他每周都会来视察，走到我的画架前面。”

在格莱尔的要求下，雷诺阿很认真地学习素描，他的素描已经画得很不错了，但他还是有一些困惑。他说：“我的素描比例很精确，但枯燥乏味。”他很珍惜在画室里的学习机会，觉得在画室里能学到很多东西，但他不满足于画室的知识，他曾说：“我背着老师学了很多东西。在画室里，同一个解剖结构图要画上十遍，这很讨厌。因为是付了学费，所以要按照老师的方法去做，不然就浪费了学费。不过真正要学到东西，还是要到卢浮宫去。”

画室里一些激进的学生反对格莱尔的教学方法，当面向格莱尔提出抗议。雷诺阿与他的那些同学不一样，尽管他对老师的一些教学方法产生怀疑甚至反对，他还是很尊重格莱尔，不会犀利地反对他。他懂得如何在保持自己的风格的前提下接受别人的意见。在雷诺阿心里，一直认为绘画是一个纯洁的职业，是要有耐心、有规律的职业。这份职业和喧闹的浪漫主义并不协调。所以，身为画家的雷诺阿保持住了那份耐心，坚守住了那些规律，从不在浪漫主义中迷失自我。

1864 年，格莱尔的画室由于经济问题被迫关闭。雷诺阿和同学们离开了画室。在格莱尔画室，雷诺阿打下了扎实的素描功底，为他日后绘画的成功奠定了稳固的基石。

浪漫主义画派是19世纪初，资产阶级民主革命时期兴起于法国画坛的一个艺术流派。这一画派摆脱了当时学院派和古典主义的羁绊，偏重于发挥艺术家自己的想象和创造，创作题材取自现实生活、中世纪传说和文学名著（如莎士比亚、但丁、歌德、拜伦的作品）等；画面色彩热烈，笔触奔放，富有运动感，有一定的进步性。代表作品有籍里柯的《梅杜萨之筏》、德拉克洛瓦的《自由领导人民》。

世界四大美术学院：是指对世界美术作出巨大贡献与具有深远影响的四所美术学院，他们分别是：意大利佛罗伦萨国立美术学院（简称：佛罗伦萨美术学院），法国巴黎国立高等美术学院（简称：巴黎美术学院），英国皇家美术学院（简称：皇家美术学院）与俄罗斯圣彼得堡列宾国立美术学院（简称：列宾美院）。

求学皇家美术学院

格莱尔画室虽说是格莱尔私人的画室，但它同时附属于巴黎皇家美术学院，也就是说，皇家美术学院会从格莱尔画室招募学生。巴黎皇家美术学院是世界四大美术学院之一，在全世界的高等美术院校中影响巨大，中国的老一辈油画家徐悲鸿、吴冠中、李风白等就毕业于这所学院。这座经历了三百年风雨洗礼的学院静静地屹立于塞纳河左岸，叙述着雷诺阿在这里特别的故事，见证了他的成长。雷诺阿也许就坐在那个既没有放着造型也没有放着装饰过的木板凳子的阶梯教室里上课。

美术学院组织学生参加美术考试，考试通过了才会被录取。美术学院的入学考试很难，可是雷诺阿很自信，那时他已经在格莱尔画室学了快一年了。他参加了透视、素描、写生等几轮的考试，经过艰苦的努力，终于顺利通过

巴黎美术学院

透视：绘画法理论术语。“透视”一词源于拉丁文。最初研究透视是采取通过一块透明的平面去看景物的方法，将所见景物准确描画在这块平面上，即成该景物的透视图。后遂将在平面画幅上根据一定原理，用线条来显示物体的空间位置、轮廓和投影的科学称为透视学。

了。1862 年 4 月，雷诺阿迈进了这所美术学院，开始了正规的学院学习。雷诺阿在入学之前就听说过大名鼎鼎的巴黎美术学院的特色。别人告诉过他，美术学院的画家们大多崇尚古典主义，反复地教授学生素描、透视法。刚开始，雷诺阿还不相信，还想着学院里的教学方式会和格莱尔画室不一样。可是在学校的第一天他就感受到了浓厚的古典主义氛围。

第一天上课，雷诺阿带着他的绘画工具，背着画板，提前半个小时来到教室。他以为自己是第一个到教室的人，可是当他推开门的时候，看到几个学生已经坐在那里聚精会神地画画了。他看着这些正在作画的人，觉得他们认真作画的样子特别具有艺术感，突然有一股冲动，提笔就想画下眼前的这一幕，这时老师来了，雷诺阿只得停下手中的画笔，等候老师上课。老师是个留着大胡子的老头儿，戴着厚厚的眼镜，虽然高度近视，但眼睛炯炯有神。老师走到一块小黑板前，用粉笔在小黑板上写了一个词“素描”，然后让学生把放在角落里的石膏像和其他的实物搬出来，放在中间的架子上，让大家围成一个圈，开始画素描。这群很有绘画天赋的未来的画家们很快就把一幅幅不错的素描画出来了，然后大家就沾沾自喜地讨论起来。这时老师敲了敲桌子，让大家安静下来。“素描——这是高度的艺术诚实，它决定绘画的成败，无论何时都没有理由骄傲。”老师说完后，让大家继续画。这时教室里发出了一片嘘声，而老师仍默默无语，走到自己的画板前，拿起笔开始专注地画起来。要不要学素描呢？身旁的同学们都在窃窃私语。“老师的教法和格莱尔的差不多。他们的说法很有道理。一幅好的素描确实可以把我想要的真情实感表达出来。”雷诺阿一手拿着画笔，一手托着下巴，正在发呆。“丁零零”，学院清脆的下课铃声传来，教室里又热闹起来了。

雷诺阿是一个生活朴素又爱干净的画家，他不太讲究穿戴，有时候下了班来不及换衣服就到教室里画画，身上还穿着那件又大又宽的灰色工作服，但是他的调色板和画笔却很干净，每次画完了，他都会细致地把调色板和画笔清洗干净，方便下次作画。

在美术学院，雷诺阿学到了系统的绘画知识，包括绘画理论和实践技巧。他也经常和同学们一起去野外写生。在这群学生中，雷诺阿观察景物的角度和使用的颜色与其他人不太一样。老师和同学们都觉得不可理喻，甚至还嘲笑他。嘲笑就嘲笑吧，雷诺阿没有在意这些议论。

学院经常会举办绘画比赛，雷诺阿也积极地参加。真是“台上一分钟，台下十年功”，在卢浮宫学到的知识和早年的画工基础发挥了作用，雷诺阿的画得到了老师的赞赏，多次获得很高的评价。看着自己的画被人们所接受，努力得到了回报，雷诺阿很高兴，但他并没有骄傲。他参加比赛，并不是为了能够获得名次，而是想通过比赛去见识其他同学的画，吸收好的元素。比赛结束后，学院都会有优秀作品展，雷诺阿每次都去欣赏那些风格各异的画。他一直坚信：学习一门外语最好的办法是到使用这种语言的国家去听人们说话；同样，了解绘画最好的途径在于看画。从那些画里，他接触到了各种不同的绘画理念。雷诺阿在这些画前驻足，能目不转睛地看上好长时间。他一边看着画，一边在想：“我想要画什么样风格的画呢？到底什么是适合我的呢？”

这座巴黎的艺术殿堂接纳了很多拥有绘画天赋的年轻人。学院教育虽然古板，但是它毕竟是正规的美术教育，它帮助雷诺阿在绘画上更进一步。巴黎皇家美术学院是一个群英荟萃的地方，这里聚集了一大群对艺术、对绘画有着不同见解的人。与他们交流就是一种学习。能到这样的学校来求学，雷诺阿并没有骄傲自大，他没有忘记自己来这里的初衷，他时刻保持着谦虚好学的态度。走在校园里的每个人，都有可能成为影响世界的大画家。但是学院的古板和学院派的作风也会让一些年轻气盛的青年人感到厌烦。想要提升自己，就要另寻出路。

莫逆之交——莫奈

雷诺阿一边在美术学院上课，一边到格莱尔画室去画画。格莱尔画室不仅是个学画画的地方，也是一个交朋友的平台。雷诺阿是在格莱尔画室认识莫奈的，一想起当初与莫奈见面的场景，雷诺阿就感慨万分。

那时画室里还有另外几个年轻人，他们也是慕名前来向格莱尔拜师学画的。由于雷诺阿来的时间恰好与他们错开，很长时间过去了，他们还没见上面。一天，雷诺阿下了班赶到画室，正要进门的时候差点儿把一个人撞倒了。他赶紧道歉，可是那人头也没回就走了。“真是个傲气的人！”雷诺阿心里想。他走进画室，放好画板，刚想画画的时候，发现靠窗的地方摆着一幅画。那幅画的风格让他想起了曾经在某个地方看到过的一幅画。对了！就是在美术学院的画展上看到的那幅色彩艳丽的画。早在一次学院举办的画展上，雷诺阿就注意到了几幅摆在角落里的画。这些画描绘的是自然主题，题材是很简单的花草风景，画面呈现出自然气息，但是用了鲜艳的色彩，整个画面几乎没有黑暗的地方，黑暗的地方都用了高光来增亮。雷诺阿仔细地辨认着。画上的签名有点潦草，在右下方标着一个陌生的名字“克劳德·莫奈”。自己眼前这幅画的作者和之前看到的那幅画的作者肯定是同一个人，他一直想认识的那个人。雷诺阿就去问格莱尔是谁画了那幅画，格莱尔瞥了一眼那幅画，淡淡地说：“哦！莫奈，克劳德·莫奈。他刚才走出去了。”莫奈？原来就是刚才撞到的那个人，雷诺阿很想和他聊聊。

克劳德·莫奈（1840—1926），法国画家，印象派代表人物和创始人之一。莫奈是法国最重要的画家之一，印象派的理论和实践大部分都有他的推广。莫奈擅长光与影的实验与表现技法。

克劳德·莫奈

《印象·日出》莫奈 1873 年 现藏于巴黎马蒙达博物馆

第二天去画室的时候，还没进门就听到了激烈的争论声。他以为发生什么大事了，赶紧走进门去，只见格莱尔把几张画摔到桌子上，生气地说："让你画素描就老老实实地画素描！看看这素描画成了什么样子！"那三个学生坐在椅子上，很不满地说："我可以画素描，但是请不要浪费我们的时间！"格莱尔理都没理他们就走了。雷诺阿走过去，把刚才被摔的画捡起来，仔细地看了一下，把画放在他们的面前，就回到自己的位置上。"嘿！你凭什么那么听他的话？"其中一个人冲雷诺阿说道。"其实我也不同意老师的教学方法，可是他是老师。"雷诺阿回答。顿时，画室里一片笑声，那人走到雷诺阿面前，说："我叫莫奈，克劳德·莫奈，很高兴和你做朋友。"此时，雷诺阿终于见到了那个叫作"莫奈"的人。雷诺阿是个害羞的人，不善于表露自己内心的感情。现在，一直想认识的人就站在自己面前，雷诺阿有点局促不安，手都不知道放在哪个位置好了。那就拥抱吧，雷诺阿很高兴地伸出手，给了莫奈一个拥抱。莫奈显然被雷诺阿的表现吓着了，一直说："兄弟！我的朋友，你很不错，很不错！"

一个热情的拥抱，让两个原本素不相识的人渐渐成为好朋友，雷诺阿和莫奈成了莫逆之交。

雷诺阿是四岁时来到巴黎的，而莫奈生于巴黎，从小在巴黎长大，15 岁就显示出了极高的绘画天赋，天资聪颖的他成了当时小有名气的漫画家。莫奈是法国最重要的画家之一。他的名字与印象派的历史密切相连，印象派的得名，是因为他的一幅画《印象·日出》。印象派的创始人虽说是马奈，但真正使其发扬光大的却是莫奈。他对印象派的贡献比其他任何人都多。这个印象主义运动的领军人物，坚定不移地践行着他的“光影”理论。他对光影变化的描绘，已到了出神入化的境界。我们熟悉的莫奈的画作，除了《印象·日出》，还有他晚年时候画的很多睡莲图。43 岁的莫奈到巴黎郊外的吉维尼村定居，在那里他建造了大型人工池塘，还在池塘周围种植了各种垂柳和花卉，在池塘里则种植了大量睡莲，形成一个水上花园。莫奈画了近百幅关于这个水上花园中睡莲的作品。他在创作的时候不仅是描摹，而且是把春天俘获到了画里。浅淡的绿和深邃幽蓝的水，金液一般的阳光，呈现出了广阔的天空。在随风变幻莫测的池水中，在漫天金色阳光的照耀下，浓艳的睡莲处处盛开。

欧仁·布丹：法国19世纪风景画家，曾跟米勒和特罗容学画。布丹出身于水手之家，父亲是领航人，从小就将大海的印象深深烙在布丹童年记忆之中。这也是布丹喜爱描绘港口及大海情景画作的原因所在。布丹终其一生热爱着法国西部海岸的景致，因为那里是他的家乡诺曼底。他的作品于1857年第一次展出。他被称作“印象派之父”，是莫奈的启蒙老师。主要作品有《特鲁维尔海滨浴场》《翁费勒尔的堤岸和灯塔》等。

莫奈对光影的认识是因为他的老师欧仁·布丹。1858年莫奈认识了法国风景画家欧仁·布丹，并拜他为师，效仿老师到室外作画。欧仁·布丹教育莫奈时说：“当场直接画下来的任何东西，往往有一种你不可能在画室里找到的力量和用笔的生动性。”莫奈牢牢记住了布丹的话，而且也把老师教给他的东西传给了好友雷诺阿。

在格莱尔画室里，莫奈就经常说：“我的朋友们，我们一起到广阔的田野去画画吧。不要待在这个乏味的、黑暗的屋子里了。”雷诺阿和其他朋友也常常和莫奈一起去巴黎郊外的巴比松森林写生。莫奈对室外作画总是很积极，一到了郊外，他就兴奋得不得了，拉着雷诺阿的手说：“我的朋友，我告诉你，我最想在最容易消逝的效果前表达我对它的印象。”雷诺阿同意莫奈的话，他甚至比莫奈更喜欢大自然。他对这里的景色也满意极了。这里漫山遍野的薰衣草，如同阳光下跳跃的灵魂，让人不禁沉醉于这纯粹的浪漫中。风声、鸟声、流水声……一切都是那么迷人。不过喜欢归喜欢，雷诺阿可没有像莫奈那样对室外作画那么疯狂，雷诺阿对莫奈说：“一幅画毕竟要放在室内欣赏的，除了室外的创作活动外，总有一些工作要在画室内进行。你应该离开那使人如痴如醉的真实光线，在较为弱的室内光线下消化你的形象。你到外面画画，回到画室也画，最后你的作品就开始像个样子了。”看着雷诺阿一脸严肃的表情，莫奈拍着他的肩膀说：“我也同意你的话，但是我很喜欢这样画画的感觉。”莫奈并没有因为雷诺阿的话而扫兴，他很慎重地看待他朋友的意见。这些艺术问题上的交流从来没有停止过，甚至有时候他们吵得面红耳赤。莫奈是个大胆的人，别说是朋友了，就连老师格莱尔的话他也会当面表示反对。刚开始的时候，莫奈大胆激进的处事方式把雷诺阿吓了一大跳。在格莱尔画室学画的时候，莫奈一遇到他不同意的观点，就“刷”地站起来向格莱尔表示自己的不满。雷诺阿悄悄问他：“你怎么这么气势汹汹地说了你的想法呢?”他说：“我的朋友！如果年轻时不大胆，以后你将干什么?”啊，还真是个直接的人啊！雷诺阿更喜欢莫奈这个朋友了。

除了在画室，他们也经常到咖啡馆去讨论问题，巴黎的咖啡馆是一个充满着艺术气息的地方。法国大文豪巴尔扎克曾写道：“咖啡馆的柜台就是民众的议会。”咖啡馆给雷诺阿这群对绘画富有个性追求的人提供了一个浪漫的交流场所。在众多咖啡馆中，他们最常去的就是盖尔波瓦咖啡馆，因此他们被戏称为“盖尔波瓦画派”。在盖尔波瓦咖啡馆的一个角落里，空气中弥漫着咖啡的香气，气味浓郁得让人沉醉；桌上的煤油灯，散发着迷蒙的昏黄情调。他们围坐在小桌边上，饶有兴致地谈论着有关艺术的话题。咖啡在他们的手里冒着袅袅的热气，昏黄的灯光则在他们每一个人的脸上制造着明明暗暗的色泽，渲染着他们激动、平静甚至沮丧的神情。低缓、抒情的音乐，在人群中像轻柔的风一样。一个诗人曾经写过这样一首诗来描述他们：

几个头颅
在煤油灯下晃动
影子被光线拉得很长
画布上也有影子
那是思想在跳跃
美的世界里
什么是终极
唯有光影的世界里才能捕捉的像
一行灰白楼房深处
掌灯时分的盖尔波瓦咖啡馆

雷诺阿不善言辞，他安静地坐在一旁，听着他的朋友高谈阔论。偶尔他也会问莫奈几个问题。说到他赞同的地方，雷诺阿紧抿的嘴唇会露出一丝会心的笑意。朋友巴齐耶是有钱人的儿子，但巴齐耶并没有对雷诺阿和莫奈表现出什么傲慢之处。他端着咖啡杯，站在人群边上，仔细地听着别人说着什么，并发表自己的见解。莫奈回忆说：“这些讨论使我们的智慧敏锐，思维开拓，精神振奋。”在莫奈看来，与雷诺阿结交是件舒服的事。莫奈曾说：“雷诺阿有些神经质，他谦虚、贫穷、活泼，常常有一种不可抑制的快乐感，他对严肃的理论问题完全不关心。”

盖尔波瓦咖啡馆：坐落于巴提约尔大街上，当时位于马奈画室旁，是印象派诞生的第一座摇篮。

弗雷德里克·巴齐耶（1841—1870），曾在格莱尔画室学习，在那里结识了同学莫奈、雷诺阿和西斯莱，他们组成了“四好友集团”，经常走出画室到大自然中去写生。巴齐耶成了比他大一岁的莫奈的最亲密的朋友和崇拜者。直至他在1870年11月普法战争的战斗中过早地逝世为止。

受到莫奈的影响，雷诺阿也专注于光影的描绘。作为朋友，两人也会相互指出对方的缺点，共同改正，他们的绘画技艺都得到了很大的提高。两人一起到巴黎郊外的蛙塘去写生。蛙塘附近开着一家饭店，莫奈经常光顾那家饭店。莫奈带着雷诺阿到了蛙塘，两人喝了一点酒，有点醉了。他们走出小饭店，看到柳树倒映在波光粼粼的蛙塘上，摇摇曳曳，灵感顿时涌上心头，两个人都很有默契地赶紧支好画架，展开画纸，并排作画。没过多久，两幅《蛙塘》就呈现在众人面前。大家看着这两幅画，议论纷纷。“你看，两幅画画得好像啊，要不是亲眼所见，还真分不出来呢！”“不对，是很像，可是还是不一样啊，你看，雷诺阿的画画得亮好多，莫奈的暗一点。”“不对，依我看，雷诺阿的画洋溢着温柔的诗意，而莫奈的笔触比较肯定。雷诺阿画中的景物密集，给人一种亲切感，你们看看那些粉红色与浅紫色，散发出一种温柔的女性气息。”大家感觉得出两幅画的不同，却又说不准，都期待着雷诺阿和莫奈自己的解释。雷诺阿和莫奈笑了笑，摊开双手，“我们也说不出来，可能是因为我们都醉了吧。大家自己感觉吧。”有时候，敏锐的艺术家也解释不清楚感觉这东西，只有身临其境才能触摸到它的特别之处，这大概就是艺术的奥妙吧。

经历了这次蛙塘作画，雷诺阿也感觉到自己深深地受到了莫奈光影理论的影响。原来光影这么令人着迷。渐渐地，雷诺阿加入到了印象主义运动中来。他和莫奈一起参加了三次印象派的画展。通过这三次印象派画展，莫奈和

《青蛙塘》　雷诺阿

《蛙塘》　莫奈　1869 年

雷诺阿走上了“并肩作战”的统一战线。他们一同抵抗那些不理解、不支持他们画派的人和政府的压力，使得印象派走上了20世纪法国绘画艺术的顶端。

雷诺阿和莫奈还在一起住了很长一段时间。普法战争期间，雷诺阿被迫去参军，和莫奈分开了。等到战争一结束，他便去找莫奈。两人相依为命，共享画室，一起卖画，共同负担模特的工资和生活费。每个月的食物就是一袋菜豆，有时候菜豆吃完了就吃一点小扁豆，偶尔也会改善一下伙食。莫奈是个善于交际的人，他外出赴宴都会带上雷诺阿，两个人可以痛饮上好的红葡萄酒，吃美味的火鸡肉。虽然生活艰辛，可是雷诺阿觉得那段日子是他一生中最快乐的时光。雷诺阿结婚后，在莫奈最困难的时候常接济他一家。莫奈在给巴齐耶的信中说：“雷诺阿正从他的家里拿来面包给我们，以免我们挨饿。一个星期没有面包、炉火、灯光……这是可怕的。”

晚年的莫奈患了白内障，原本眼里多姿多彩的世界变得灰暗模糊，但是他的记忆仍然绚烂。他不会忘记雷诺阿给他的第一个拥抱，不会忘记雷诺阿那不可抑制的快乐。与雷诺阿的友谊一直陪伴着他战胜疾病与孤苦。

雷诺阿一生画了很多幅肖像画，其中有两幅是莫奈的肖像画：《阅读中的莫奈》和《在吉维尼家中庭院作画的莫奈》，画上的莫奈亲切、自然、专注。这就是雷诺阿心中的莫奈，这就是一个老朋友对莫奈的真切描绘！一笔一画都流露出雷诺阿对莫奈真诚的情谊。莫奈是雷诺阿一生的好朋友，他们相互结下了深厚的友谊。雷诺阿去世后，莫奈在写给朋友的信中毫不隐藏地表达了自己的悲痛之情，他在信中说："雷诺阿的死给了我很大的打击。随他而去的是我生命的一部分，是我年轻时的奋斗的热情。这真的让我很难受。如今这个团体就只剩下我一个人了。"雷诺阿对莫奈也怀着感激之情，他一直觉得莫奈是一个催人奋进的朋友。他说："我从来不是斗士，而我的老友莫奈却是。许多次，若不是他拉我一把，我可能会打退堂鼓。"这些真情流露，多么令人感动啊！两位艺术家之间深厚的友谊，不是一朝一夕形成的，是他们在一起经历了很多难忘的时刻后而形成的。是什么让这两个人能拥有这份情谊呢？应该是他们两个人真诚的心吧。

与塞尚的友谊

格莱尔画室真是一个造就伟大友谊的摇篮。雷诺阿在这里还结识了另外一位好友保罗·塞尚。他们两个人都是格莱尔的学生。

那天雷诺阿独自坐在画室里，看见一个人昂首阔步走进教室，不小心被椅子绊倒了，雷诺阿赶紧跑过去扶他。只见那人“噌”地就站起来，立刻恢复了他的绅士姿态。雷诺阿和他相互浅浅地问候了一下：“您好！”“您好！”没有握手也没有拥抱，接下来，令人奇怪的是这两个人几乎不说话。在后来的日子里，画室有时候只有他们两个人，他们在一起画了几个小时，彼此却从来不说一句话。他们是在和对方较劲吗？其实他们两个人都很尊敬对方，塞尚身上拥有艺术家高尚的自傲和伟大的谦逊，这点让雷诺阿很佩服。这个自傲的塞尚就是后来的保罗·塞尚，法国著

《苹果和橘子》 塞尚

名画家，后期印象派的主将，从19世纪末便被推崇为“新艺术之父”。作为现代艺术的先驱，他很注重对艺术形式的追求，这对西方现代主义美术的产生和发展具有深远的影响，故被人称为“西方现代绘画之父”。

塞尚的自傲可不是一般的傲。那天，他一脸气愤地跑到雷诺阿面前，平时很少聊天的两个人便聊上了。塞尚气汹汹地说：“怎么会有如此没有自知之明的人呢？竟然站在我的身边唱歌，还跑调了！”雷诺阿一头雾水，仔细一问才知道，原来是一个暴发户在做祷告的时候故意站在塞尚身边唱歌，还唱跑调了。怪不得塞尚这么生气呢，原来是碰上了一个一样自傲的人啊。雷诺阿哈哈大笑，对塞尚说：“我的朋友，你要知道所有的基督徒都是兄弟啊。”“哼！那个人竟然还向我显示他对艺术的爱好！说在客厅里挂了一幅裴斯那尔的画。”塞尚一点儿也没有消气。雷诺阿拍拍他的肩膀，故意逗他说：“他完全有自由喜欢艺术啊，你们说不定还会在天堂遇见呢！哈哈！”“不！”塞尚脱口而出，“在天堂里人人都会知道我是塞尚，我是和他们不同的！”雷诺阿很理解塞尚的自傲，并深深地同情他。这个自傲的人直到60岁还没有获得成功，他与雷诺阿一起参加了印象派的画展，在1874年和1877年的画展上塞

《西斯莱夫妇画像》 1868 年

现藏于科隆瓦拉夫理查兹博物馆

尚得到的是公众的奚落和嘲笑，他的《现代奥林匹亚》被马奈嘲讽地评价为“龌龊肮脏的画”，他的《穿红背心的男孩》在展览的时候被参观者愤怒地吐了一口痰。这些侮辱并没有打击塞尚的创作积极性，他画了一幅《苹果和橘子》，并拿着这幅画去找雷诺阿，指着这幅画对他说：“我想我只要用一个苹果就能让整个巴黎惊叹。”雷诺阿听了只是笑了笑，说：“老兄，我的朋友，努力吧！”在 1885 年到 1895 年这十年时间里，塞尚以前所未有的平静心态坚持作画，到各地去旅游写生，最终获得了成功，声名鹊起。莫奈和雷诺阿商议了一下，由莫奈出钱，花了 800 法郎买下了塞尚的《村庄之路》。好朋友沃拉尔也在与雷诺阿等人商量后，一起为塞尚举办了一次画展，展出了他的 150 幅作品。

为了帮助塞尚，平时闷声不响的雷诺阿学会了用计。塞尚的父亲不支持儿子的艺术之路，为了获得父亲的肯定，塞尚很希望自己的画得到认可，哪怕是一句简单的好评。肖凯买了他的第一幅画，但是没敢带回家去，他怕画不被家人认可，尤其是他的夫人，她曾经就把他买回来的一幅画扔了出去。雷诺阿得知此事，赶紧和他联系，在信中说：“我已为你想出一个好办法。”塞尚就照着雷诺阿的办法，先把画放在雷诺阿家里。然后雷诺阿每天都到肖凯家去，在肖凯夫人面前称赞塞尚的画。肖凯夫人很不理解雷诺阿，她疑惑地问："亲爱的雷诺阿，您真的崇拜塞尚的画？""我就有一幅在家里呢！"雷诺阿高兴地答道，"那画简直美极了，虽然有缺点，不过是个好东西，值得收藏。我在等它升值呢！"肖凯夫人一看雷诺阿一脸期待的表情，信以为真，就说："那好吧，你明天把它带过来吧。我先看看是什么样子。"

等到第二天，雷诺阿把画带了过来，雷诺阿并不着急把它给肖凯夫人，而是摆在客厅里，细细地端详，一边看一边给她解释自己是多么喜欢这幅画。"亲爱的夫人，我是多么喜欢这幅画啊，您难道就没有一点点对它的喜爱吗？"听完雷诺阿的解释后，肖凯夫人如获至宝，央求雷诺阿把这幅画卖给她。这时，雷诺阿道出了实情，还说："夫人，就当作您什么也不知情，这样您会让肖凯先生高兴的。"终于，塞尚的画得以进入肖凯家。

塞尚是个严谨的人，对作画一丝不苟，雷诺阿曾经感慨地说："塞尚是那样一心一意地献身于风景、肖像和静物等各个主题，世界上的艺术家很少有人能比得上他对艺术史的贡献了。"塞尚在 1902 年 7 月写给加斯凯的信中说：

“我瞧不起所有在世的画家，除了莫奈和雷诺阿。”这是自傲的塞尚给出的最高评价了。

身为印象派的一员，雷诺阿和塞尚一样对印象派充满了期待。在和雷诺阿谈及绘画时，塞尚说：“我要使印象主义成为像博物馆的艺术一样经典的东西。”雷诺阿没有当场反驳他这位朋友，而是安静地思考他的话。

塞尚的画风给了雷诺阿很多启示。在表现手法上，塞尚不是用传统的以光影表现质感的方法来描绘，而是采用色彩造型法达到他所追求的色彩与形体的结合。雷诺阿后来逐渐脱离印象主义运动，晚年画风有所改变，也是受到塞尚的影响。然而为什么我们很少听说过雷诺阿和塞尚的友谊呢？其实那是因为他与塞尚的友谊很低调，从不外露。可以非常肯定地说，雷诺阿和塞尚之间拥有深厚的友谊。

爱因斯坦曾说过：“世间最美好的东西，莫过于有几个头脑和心地都很正直的严正的朋友。”雷诺阿的天分和性格，让他在画界结交了许多朋友。莫奈、塞尚、巴齐耶、西斯莱是他绘画上的知己，他和莫奈、巴齐耶、西斯莱一起组成了“四好友集团”，一起外出写生。在音乐界，雷诺阿喜欢巴赫，因为巴赫的音乐不带故事情节，他的音乐是纯音乐，正像自己的画一样。他和奥芬·巴赫是好朋友，每当傍晚时分、工作之余，雷诺阿总要走下蒙马特尔高地的山坡，来到这位作曲家家里抽一支烟，但他总发现这家人几乎还没有睡醒。因为对奥芬·巴赫一家来说，那是清晨，他们需要休息。有时候，雷诺阿会陪着奥芬·巴赫去游艺场看戏剧。在文学界，莫泊桑、左拉、都德、雨果都是他的好友。雷诺阿与作家莫泊桑可算是一见如故，可是双方都承认他们毫无共同之处。雷诺阿是这样评论莫泊桑的："他把什么都看成漆黑一团!"而莫泊桑对雷诺阿的评价是："他把一切都看得那么美好!"然而他们有一个共同的看法。雷诺阿说："莫泊桑是疯子!"莫泊桑则说："雷诺阿是疯子!"雷诺阿最不喜欢的就是政治，但是就连他最不喜欢的政治领域也有康贝达、克莱孟梭、杰福瓦等几个朋友。他们言语交流，思想交锋，灵魂碰撞，激荡出艺术的火花。友谊让雷诺阿感受到了生活的幸福，伴随着他绘画路途中一次次的挑战，最终使他走向成功。

第3章：画家生涯的挑战

初期沙龙展

从 1864 年起，雷诺阿迎来了绘画生涯中的一系列挑战，他开始参加巴黎沙龙画展。

1864 年，在得知政府准备举办官方沙龙展的消息后，雷诺阿和朋友们就商量着参加沙龙展的计划。施展才华的机会终于来了，学了几年的画，尽管也得到了老师和同学的好评，但是还没有参加过这么正式的沙龙展，要是入选，说不定就能一夜成名，到时候自己的画就众人皆知了。想到这里，雷诺阿有点激动了。

“沙龙”一词最早源于意大利语单词，原意指的是装点有美术品的屋子。17 世纪“沙龙”一词进入法国，最初为卢浮宫画廊的名称，指一种在欣赏美术结晶的同时，谈论艺术、玩纸牌和聊天的场合。每年巴黎举办的官方沙龙展中，都会选出一些艺术家并给他们颁发证书和奖章。学院沙龙是政府对艺术的一种仲裁，左拉说：“沙龙是政府的艺术品货栈。艺术家们每年在这里展示数千幅的作品。被沙龙认可，即意味着在专业领域的成功，画价以及知名度会随之攀升。一旦被沙龙评审团拒绝，那么画家的生涯将会一片黑暗。直到 1880 年，沙龙一直就是传统绘画与现代主义绘画角逐的战场。”安格尔也说：“沙龙窒息和腐化了人们对伟大和美丽的东西的感受。”沙龙在一方面禁锢了艺术家的思想，另一方面也为艺术家提供了施展才华的平台。在批评与肯定的浪潮中，要不要参加沙龙展呢？能够入选沙龙展是每个画家的期望，雷诺阿也不例外。

可是参展需要一幅像样的作品呀，要拿什么参展呢？这下可把雷诺阿难住了。他回去翻看了自己这么久以来画的画，想从里面选出一幅，可选来选去，就是找不到一幅称心的，朋友就建议他新画一幅拿去参展。事情到了这一步也只能这样了。眼看着送画稿的截至日期就要到了，可是自己的新作还没有头绪，雷诺阿心里很着急，心情烦闷，他决定先平复一下心情再画，也许那样效果会好一点。书桌上刚好有一本破了皮的雨果的《巴黎圣母院》，这书摆在那儿也很久了，灰尘都积上了。看着书中的故事，雷诺阿烦闷的心情也随着故事情节的深入而得到暂时的释放。雷诺阿为艾丝美拉达这个吉普赛女郎的遭遇叹息，这样一个纯洁、美丽、善良的“绿宝石”姑娘为何要被无情的命运女神捉弄，爱上了不该爱的人呢？第二天，雷诺阿把看书的体会和朋友说了，朋友开玩笑地说：“既然你这么同情她，那就为她画一幅画吧。”“对啊，我为什么不画她呢?”雷诺阿恍然大悟，告别了朋友，赶紧回家作画。可是精心准备的《艾丝美拉达》并没有入选沙龙展，雷诺阿很失望，有点气馁了。他拿着《艾丝美拉达》去找莫奈倾诉，莫奈看了他的画后对他说：“你这都画了什么呀！这是你自己的画吗？你想要的效果就是这样吗？依我看倒像是德拉克洛瓦的坏手笔!”雷诺阿顿时就懵了，莫奈的话点到了他的要害。原来自己一直都是按照别人的风格来画的，这样的缺点对一个画家来说是致命的。他拿过画，一把把它给撕了。他要重新再画!

上帝也是偏爱努力奋斗的人的。在1865年的沙龙展中，雷诺阿有两幅画得以入选，其中一幅是好友西斯莱的父亲的肖像画。这幅深色调的肖像画并没有得到参观者的赞赏，大家仿佛忽略了它一样。人们的漠视并没有让雷诺阿心灰意冷，他说："我还要再画！"雷诺阿相信自己的能力，他的胸中满是一腔作画的激情。

为了准备1866年的沙龙展，雷诺阿约上西斯莱和朱尔·勒克尔一同到巴黎郊外的马洛特村去写生。他们路过一家小旅馆，三个人就想进去喝点酒暖和暖和。刚进门，

《巴黎圣母院》（创作于1831年）是雨果第一部大型浪漫主义小说。它以曲折离奇和对比的手法写了一个发生在15世纪法国的故事：巴黎圣母院的副主教克洛德道貌岸然、蛇蝎心肠，先爱后恨、由爱生恨，迫害吉普赛女郎艾丝美拉达。然而面目丑陋、心地善良，但被克洛德利用的敲钟人卡西莫多却舍身救了女郎。小说揭露了宗教的虚伪，以悲剧的结局宣告了禁欲主义的破产，歌颂了下层劳动人民善良、友爱、舍己为人的可贵品质，充分反映了雨果的人道主义思想。

店主安东尼和太太就迎上来招呼他们。他们发现饭厅的墙壁很特别，到处都是漫画式的涂鸦，想必这也是画家们的杰作。饭桌上，朱尔问雷诺阿："明年的沙龙展，你还要参加吗?""当然，"雷诺阿呷了一口酒，"我想画一幅写实的画。""嗯！这个想法不错。"西斯莱点了点头。

这回他的题材是那天在小旅馆的场景，那些涂鸦吸引了他。他以那面画满涂鸦的墙为背景，不加任何雕琢修饰地再现了当日喝酒的场景，整个画面充满温馨。雷诺阿把这幅《安东尼太太的酒馆》和其他一些画一同送去参展后，开始焦急地等待结果。好友朱尔等不及了，他亲自跑到展览处出口去问评审员。恰好，评审员柯罗和杜比尼走出来，杜比尼遗憾地对朱尔说："抱歉，先生！您朋友的画落选了。我们都认为《安东尼太太的酒馆》可以入选，要求选入此画，我们已经尽力了，可是评审团中只有 6 位评委支持他，他的画还是无法被接受。"听说评审团中出现分歧，朱尔和雷诺阿就要求他们再次审定。最后，雷诺阿也没想到这幅自己并不重视的画竟然入选了。没过多久，雷诺阿选送的其他画就被官方沙龙展退件了。面对失败，雷诺阿没有抱怨，相反的，他倒是为能够得到柯罗和杜比尼的肯定而高兴。

《安东尼太太的酒馆》1866 年
现藏于斯德哥尔摩国立博物馆

打击连续不断，1867 年的沙龙展，雷诺阿的《狩猎女神迪亚娜》落选。得不到官方认可的他也变得贫困潦倒。在好友巴齐耶等人的鼓励下，雷诺阿打起精神，绘画的热情又重新燃烧起来。1868 年的沙龙展，雷诺阿的《打阳伞的莉丝》得以入选，他也因为这幅“满溢着才华、热力与希望”的画被称为“天才青年”。接下来的 1869 年，《夏天》入选，1870 年《浴女》和《宫女》入选。

《宫女》这幅画描绘的是一位阿拉伯女子，她手脚摊开，躺卧在地，华丽的衣服贴在身上，姿态撩人。雷诺阿往往钟情于将法国女性作为自己创作的对象，而这位阿拉伯女子不同于雷诺阿画作中的其他女性，她显然不是雷诺阿心中理想的女性形象。这一点从绘画本身也可窥得一二：这幅画透露出画家深受诱惑又深感不屑的复杂情感。这个女人挑逗的眼神，看起来危险又充满魅力。但同时，这个女人的皮肤几乎是病态的黄色，显得有些营养不良。这是一个矛盾的人物形象，不符合雷诺阿心中女性美的标准。当雷诺阿把目光投向阿拉伯文化时，他就锁定了把阿拉伯妇女作为创作对象。他幻想着在阿尔及利亚有一群神秘的后宫女子正等着向他展示新一类的女性，一类他能够通过艺术作品研究和征服的女性。但在阿尔及利亚真正迎接他

《宫女》 1870 年 现藏于华盛顿国立美术馆

的并不是他所幻想的那样。雷诺阿对待这种文化冲击的态度，从他日后在阿尔及利亚的旅行中所创作的作品里便一目了然。

雷华德在《印象派绘画史》中对当时法国官方的绘画体制有着精彩的描述，他说：“就是这个作为法兰西学院一个部门的美术院专制地统治着法国艺坛。巴黎美术学校的教授及法兰西学院驻罗马专员都是从它的成员中选出来的，那就是说他们是被委托教育下一代艺术家的。同时美术学院又控制着沙龙的入选评审委员会和奖赏评审委员会，这样就使他们有权力把一些不符合他们要求的艺术家排斥于展览会之外。通过它对美术监督的影响，美术院也参与决定给美术馆或为国王私人珍藏收购哪些绘画，同样也参与决定壁上装饰的订货。在执行所有这些决定时，美术院自然会偏爱那些最容易被驯服的学生，这样，这些学生也就凭借其获得的奖章与奖品为一般人所喜欢了。”雷诺阿发现：官方沙龙展喜好的不过是那些风格保守的作品，那些自发性的作品得不到他们的好评。尽管这样，连续的成功仍恢复了雷诺阿的自信心，他十年的努力终于获得了肯定，他成为了众人谈论的画家。

八年的官方沙龙展，使雷诺阿饱尝了绘画道路上的酸甜苦辣，这么多年的参展经历慢慢打磨出属于雷诺阿自己的绘画风格。自我新天地的建立，是继承和创新的结果。雷诺阿从一开始效仿大师的风格到后来自立门户，一步一步，走得虽艰辛，但却很踏实。

追随库尔贝

每一个刚刚步入画坛的画家都会经历一段追随大师的日子。雷诺阿也不例外，他曾痴迷于库尔贝，并追随于他。

雷诺阿刚开始步入画坛的时候，就听说了初露头角的库尔贝，对他很敬佩。居斯塔夫·库尔贝是法国著名画家，现实主义绘画的开创者。1819 年出生于法国的奥尔南，自幼天资聪颖、相貌出众，既高傲自大、自命不凡，又热情奔放、慷慨大方。从中学时代起就成为同龄朋友们心悦诚服的领袖人物。1841 年，父亲送他到巴黎念大学，要他学习法律，但他却立志做一名画家，在皇家美术学院和贝桑松美术学院学习。23 岁时就已确立了自己的绘画风格，倾向于写实主义，看重的是视觉的直接感受。库尔贝一生作品很多。“没有库尔贝，就没有马奈；没有马奈，就没有印象主义。”这是法国评论界流传的名言。任何成功的背后都有一段辛酸历程，库尔贝的每一幅画几乎都受到了批评家的嘲讽。1846 年，库尔贝创作了一幅自己吸着烟斗的自画像《抽烟斗的人》，法国评论家嘲笑他，说：“他美滋滋地在自己的画中画着自己，并且为自己的作品而陶醉得忘乎所以。”1853 年库尔贝创作了一幅《浴女》，入选这一年的沙龙展。正当库尔贝陶醉于自己的成功时，巨大的打击袭来。法国皇帝拿破仑三世来参观沙龙展，当他看到这幅画时，立刻让随从把马鞭拿来，狠狠地抽打了这幅画，愤怒地说：“下流！粗俗！”随后，评论界对库尔贝的挖苦和讥讽如潮涌而至，库尔贝每天都能听到别人对他的嘲笑。激进的批评者们竟然联合起来，把他的画展围住，高喊“打倒库尔贝”！然而，坚持个性的库尔贝没有被吓倒，有时候他觉得批评家的评论几乎是正确的。他自己的个性就是我行我素、天生自信、好斗而又随和。他坚持着绘画中的现实主义，不喜欢古典主义的“装腔作势”，反对浪漫主义的“无病呻吟”。他善于捕捉生活中平凡的美，他的眼睛看得到朴实的光线。他深深地影响着印象派年轻的画家们。

《抽烟斗的人》

1846 年　库尔贝自画像

《巴黎女人与鹦鹉》　库尔贝

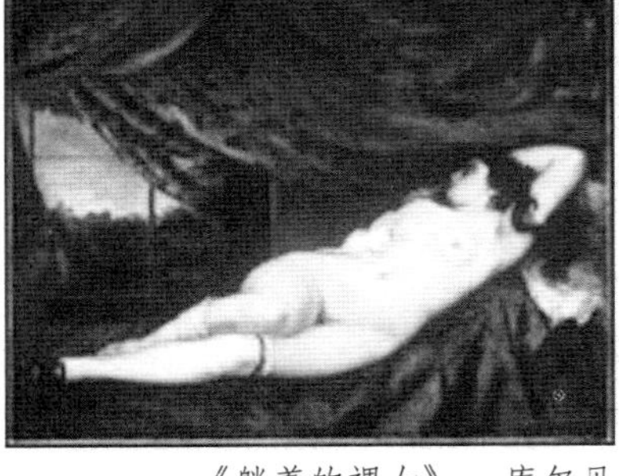

《躺着的裸女》　库尔贝

雷诺阿追随库尔贝，但并没有继承了库尔贝的自傲和我行我素。最初学习库尔贝的风格，是从他的着色和新技巧开始的。他模仿库尔贝的风格，创作了很多幅画，如《安东尼太太的酒馆》《浴女》等。这些画画面黑暗，朴素地反映了现实生活中的现象，不加任何美化雕琢，具有明显的库尔贝风格。在参观库尔贝画展的时候，雷诺阿深深地被库尔贝的现实主义风格震撼了。一向对严肃问题不发表议论的雷诺阿，首次公开表示支持库尔贝的反传统精神。

除此之外，他还发现库尔贝上色时使用了小刀，而不是笔。这种技法真的是太奇特了，雷诺阿从来没有想到过要用小刀来上色。“我何不试试看呢？也许效果不错呢！”雷诺阿突然产生了这个念头。那次和朱尔·勒克尔去郊外的时候，雷诺阿答应了朱尔，画一幅画送给他，正好，他可以试试新技巧。他找来了一把轻巧有弹力的小刀，蘸上颜料轻轻地刮。这一次尝试，手法不娴熟，毕竟自己是第一次使用新技巧，对握小刀的力度把握得不准确，连续画了好多遍，都把画纸给刮破了。他有些泄气了，但雷诺阿是个不服输的人，他仍然坚持着。一遍不行就画两遍、三遍，他费了好大的劲，终于完成了。雷诺阿给这幅画取名《朱尔·勒克尔和爱犬》。画完之后，雷诺阿仔细地看了看他的作品，“嗯！新技巧的效果还是很不错的，整个画面立体感强多了”。他对自己的这次尝试是比较满意的。他送这幅画给朱尔的时候，还特地向朱尔说明了这种新技巧。有了第一次的成功，雷诺阿心里就有了底。他用同样的方式画了一幅母亲的肖像画。

看着雷诺阿对库尔贝这么痴迷，莫奈也为他担心，劝他说：“库尔贝的个性太强了，你也应该有你自己的方式。”雷诺阿也明白模仿大师的风格并不是自己想要的，但是自己太熟悉库尔贝的画了，不知不觉就会受到他的影响。他对莫奈说：“我的朋友，你说得对！我崇拜大师，但我应该有属于自己的风格。我自己心里有数，我会有我自己的风格的。”

普法战争期间，雷诺阿当了兵，暂时不能继续画画了。身处军营的雷诺阿没有了库尔贝的消息。兵役一结束，他就去打听库尔贝的消息。原来他所崇拜的库尔贝加入到了狂热的巴黎公社浪潮中，担任巴黎公社艺术家协会主席，试图用艺术来引领人们加入到革命斗争中来。革命失败后，库尔贝遭到了反动政府的迫害，身陷囹圄，雷诺阿积极地营救被捕的库尔贝。库尔贝被政府流放到很多地方。1877年12月31日，贫病交加的库尔贝在瑞士逝世。

库尔贝是雷诺阿绘画之路上的一个重要的老师。库尔贝的现实主义风格点醒了雷诺阿，让他从青年人的理想主义和浪漫主义中清醒。从库尔贝的画中，雷诺阿认识到了社会现实的一面，这些认识对雷诺阿日后的创作产生了双重影响。一方面，他受到现实主义的影响，描绘巴黎人的生活时更真切；另一方面，现实主义让他看到了社会令人心痛的一面，他就注重描绘美好的事物，让人看了心情愉悦。

走自己的路

在雷诺阿漫长的一生中，曾追随过或多或少符合他艺术气质的各种不同的风格流派，有时甚至脱离了良好的趣味，但他总是能够重新游出水面。依靠他那取之不竭的创作灵感，不仅使他善于避开错误，而且还能够使他从这些流派当中吸取某种同样的艺术的东西，这一点是极其重要的。在艺术的世界里，模仿只是一时之计，要想立足于画坛，需要有自己独特的艺术个性。

“画是用来装饰墙壁的，因此色调应该是丰富多彩的。我认为一幅画应该是可爱的、欢乐的、美丽的。生活中丑陋的东西已经够多了，我们不该再雪上加霜。我喜欢那种能让我漫步其中去抚摸小猫的画作。”雷诺阿对绘画的看法就是这么明确、独特。

万事开头难，雷诺阿刚步入画坛的时候，对这一艺术领域还不太熟悉。他以为凭着自己过硬的绘画功底就可以在画坛立足，可是画坛里是一山更比一山高。雷诺阿在绘画这条路上艰辛地摸索着。朋友们能给他的也只能是建议，不能帮他决定该走哪条路，这该怎么办呢？雷诺阿嘴上虽没有说什么，但心里却很着急。画坛里的几位大师，像库尔贝、安格尔、德拉克洛瓦，他们都是绘画上的前辈。雷诺阿追随库尔贝，模仿他的现实主义风格。对安格尔呢？雷诺阿记得他说的那句话“画线条，年轻人，多画线条，不管是根据记忆还是写生，只要这样做你就会成为一个好画家”，因此雷诺阿在笔法上也注重对线条的处理，甚至更细腻。浪漫派巨匠德拉克洛瓦的流动而具有诗意的风格、充满激情的表现手法、色彩的鲜明度，都使雷诺阿激奋、倾心。当年在卢浮宫看画的时候，雷诺阿就惊叹于那幅

《阿尔及尔的女人》的神秘色彩，他喜欢那神秘的色彩。后来，他按照这样的色彩处理创作了一幅《阿尔及利亚风格的巴黎女郎》。

几位大师的风格深深地影响了雷诺阿，但是模仿是一条不归路。评论界对这几位大师的画作有很多的议论。在这些批评浪潮中，雷诺阿也发现了他们的缺点。库尔贝的现实主义看重的是视觉的直接感受，他的固有的颜色观念是错的，自然景观的色调都会随着光线的变化而改变，暗部绝不仅是黑色的，库尔贝画得还不够亮。安格尔“色彩是虚构的，线条万岁”的激烈宣言就暴露了他的线条主义缺陷：太过于严谨，色彩太单纯。而德拉克洛瓦的浪漫主义也太过于虚幻。

面对这些风格各异的，甚至是相互排斥的美术派别，雷诺阿慢慢地产生了怀疑。他和莫奈等人讨论，希望能从朋友那里汲取一点经验。莫奈他们和雷诺阿一样对大师的美术主义产生怀疑。于是，雷诺阿、莫奈、巴齐耶、西斯莱等几个人决定走出一条属于自己的路。

自从撕了《艾丝美拉达》，雷诺阿就渴望着能画出属于自己风格的画。他重新思考、探索什么是艺术，什么是美。那天在盖尔波瓦咖啡馆，在那昏暗的灯光下，平常不太爱说话的雷诺阿突然发表了一番令众人瞠目结舌的宣言。他说："朋友们！我想明白了一点。艺术的法规无非就是三个字：'不规则'。最少'想象'的艺术家才是最伟大的艺术家。"朋友们不明白他为什么说这样的话，不过倒是蛮有意思的，以为他受什么刺激了。只见他拿起桌上的橘子，转了一圈，说："地球不是圆的，橘子也不是圆的。橘子没有哪一瓣的形状和其他一瓣完全一样。你若把橘子一瓣一瓣分开，每瓣橘子籽有多有少，而且籽与籽也不相像。还有树叶，同一种树的成千上万片树叶中，没有哪一片会和另一片完全一样。"接着，他又站起来，快步走到大厅的柱子旁，说："你看这一根柱子，如果我用圆规来把它弄得很对称，就会丧失它的生气。要解释'规则'中的'不规则'性，所谓'规则'，只是肉眼中的价值而已。希腊艺术很美，但不能就此认为其余的艺术没有价值，那样是荒诞可笑的！"雷诺阿一说完，就爆发出一阵热烈的掌声。这可是雷诺阿话说得最多的一次啊。莫奈激动地站起来，走过去拥抱了雷诺阿，说："嗯！好样的！我赞同你的意见。让那些条条框框见鬼去吧！我们要开始我们不规则的美术之路！""对！让它见鬼去吧！"朋友们都站起来，欢呼着。

《打阳伞的莉丝》

说到就要做到，自主创新总是很困难的。要想摆脱前人的影响，得下一番苦功夫。1868 年，雷诺阿的《打阳伞的莉丝》摆脱了库尔贝的影响，达到了与库尔贝风格不同的艺术效果。雷诺阿在画这幅画的时候，有意抛弃了约定俗成的色彩表现方式，描绘色彩时随着光线的变化而变化，用主体的白色和背景的灰色相对比，又加入了一点墨绿色。画中的莉丝打着阳伞，穿着白色裙子，阳光洒在她的身上，柔和而富有诗意。从这幅画开始，雷诺阿开始拥有了属于自己的色彩世界，踏上了创作的新阶段。

枫丹白露森林里的初恋

雷诺阿那双善于发现美的眼睛一直停留在绘画上，没有关注过感情上的问题，直到 1868 年，一个女孩走进了他的心。雷诺阿迎来了自己的初恋。

那个女孩是莉丝。说到莉丝，雷诺阿的脑海中就浮现出了一片茂密葱郁的森林，那就是枫丹白露森林。雷诺阿常常和好朋友们到这里写生。在这片森林里，有着他和初恋情人莉丝的浪漫回忆。这是一片怎样的森林呢？枫丹白露森林是法国最美丽的森林之一。覆盖于白沙土质丘陵之上的这片茂密森林，距巴黎仅 30 千米，奇形怪状的巨石和静谧沉郁的沼泽点缀其间。橡树、枥树、白桦等各种针叶树密密层层，宛若一块硕大无比的绿色地毯。秋季来临，树叶渐渐交换颜色，红白相间，因此译名为“枫丹白露”。19 世纪 20 年代开始，枫丹白露森林就凭借着它的优美吸引着艺术家的目光，很快这里就成为画家们钟爱的户外绘画实习地。在这里诞生了著名的巴比松画派、枫丹白露画派。这些画家们用笔描绘了这片神奇的森林，带领人们走进了诗一般的意境。

枫丹白露森林的美妙景色深深地吸引着雷诺阿，引发了雷诺阿对大自然无穷的热爱和向往。自然本就是和谐的，所以任何粗暴狂放、激烈浮夸，都和这里的旋律格格不入。漫步于森林的小道，雷诺阿心情舒畅，完全忘掉了那些让他烦恼的事。这天，他接到了好友朱尔的信，朱尔要带着家人到枫丹白露森林附近的马洛特村度假，邀请雷诺阿晚上到家里参加晚宴。还记得第一次认识朱尔时，他就觉得

枫丹白露森林

《枫丹白露景色》 1875 年

和朱尔是一见如故，他们聊得很投机。后来，朱尔给了他很大的经济援助。雷诺阿一直很感激他这个富裕的朋友，总想找机会好好答谢他。当他接到邀请后，决定准备一份礼物送给朱尔。晚宴进行得很快乐，在晚宴上，雷诺阿注意到了一个有着圆圆的脸，美丽的大眼睛女孩。女孩谈吐自然，丝毫没有那些富家小姐的做作。雷诺阿悄悄地注意上了这个女孩。晚宴结束后，大家都在闲聊，雷诺阿走到朱尔面前，悄声问他：“您知道刚才坐在您夫人旁边的女孩是谁吗?”说完，雷诺阿就脸红了，他突然觉得自己这样问很冒昧，可是话已出口，后悔也晚了，他也不知道自己哪来的勇气。“哦！你是说她吗?”朱尔看了站在楼梯口的女孩一眼，说：“她是莉丝·特雷尔。我妻子的妹妹。有什么问题吗?”雷诺阿赶紧摇摇头，说：“哦。没有，没有。”朱尔似乎看穿了雷诺阿的心思，拉着他说：“走吧，我来为你们引见。”他们各自倒了一杯酒，走到女孩面前，“亲爱的莉丝，这是我的朋友皮埃尔·奥古斯特·雷诺阿。当然，你可以叫他雷诺阿。”朱尔对莉丝说。“您好！我是莉丝·特雷尔。”“您好！”雷诺阿的心怦怦地跳。“小姐您好！可以邀请您明天一同到森林里去走走吗?”雷诺阿红着脸，轻轻地问莉丝。“咯咯咯”，莉丝笑了一会儿，点了点头。

第二天上午，雷诺阿早早地到了森林的入口处，等了没多久，莉丝就穿着白色的长裙，打着阳伞如约而至。他们在森林里漫步，阳光很好，到处都散发着迷人的气息。雷诺阿很高兴地和莉丝聊他的经历，聊他的理想。莉丝从来没有听别人说过这么离奇有趣的事，她一直在想：啊，这个人真是有趣呢。在交谈中，雷诺阿也发现这个女孩是如此的恬静温柔，就连低头沉默都那么好看。在一处水塘前，雷诺阿停下来，刚想转头告诉莉丝他们不能继续往前走的时候，他被眼前的一幕惊呆了：阳光正好打在莉丝洁白的长裙上，阳伞遮住了她的脸，明暗分明，多么柔和啊！雷诺阿忍不住想把这一幕画下来，他激动地对莉丝说："亲爱的莉丝小姐，我冒昧地征求您的意见，我可以画您吗?"莉丝也不好意思了，想了想，说："行!"没过多久，一个打着阳伞的莉丝形象就出现在雷诺阿的画布上，莉丝也惊呆了，这个人居然能把自己画得这么美。"我可以做你的模特吗？你以后可以画我，我不收钱。"莉丝突然很冲动地说。从那天起，两人常常在一起讨论、作画。雷诺阿深深地被莉丝花一般迷人的魅力吸引了，两个人很快就坠入爱河。他们形影不离地来往于巴黎和枫丹白露森林。

这段爱情持续了七年。雷诺阿多次想鼓起勇气向他心爱的莉丝求婚，可是他不敢。他问自己：“雷诺阿，你能给莉丝幸福吗？你现在还是穷困潦倒。”朱尔对雷诺阿的表现很生气，在妻子的要求下，他去找雷诺阿谈心。他焦急地问雷诺阿：“老兄，我觉得你应该为莉丝做点什么，你说呢？你们的感情足以让你们走进婚姻的殿堂，请你让莉丝、让我那深爱莉丝的妻子安心吧。”雷诺阿没有回答他，他坐在那儿想了好久，对朱尔说：“我爱莉丝，我想给她幸福，可是你看看我，哪里有能力让她幸福？就连每顿饭吃的土豆都是你拿给我的！”一说完，雷诺阿觉得羞愧不已，夺门而出。为了莉丝的幸福，在妻子的劝说下，朱尔也觉得莉丝再也不能这样留在雷诺阿身边了。

在姐姐和姐夫的安排下，莉丝嫁给了一名建筑师。得知莉丝结婚的消息，雷诺阿心痛不已。他怀着深深的自责和伤痛，整日待在家里，走来走去，像丢了魂一样。治疗伤痛最好的办法就是投入到工作中。他逼迫自己投入到作画中，试图以此来抚平心中的伤痛。

经历了失恋的伤痛，雷诺阿还是常常到枫丹白露森林去，只有这里的美能让他平静下来。他忘不了在这里发生的那些美好的故事。这是一段卑怯的初恋。雷诺阿为了让爱人能过上好的生活，忍痛割舍了那份爱，这是他博大的爱。

为了抚平烦躁、痛苦的心绪，他试图沉下心让自己安心作画。那天，雷诺阿正在作画，一只小鹿走到他身边，雷诺阿没有意识到鹿的存在。画完后，他想后退几步来看看画面效果如何，“嗖嗖”鹿儿飞快地跑进了丛林里，蹄子踏在青苔上，发出“窸窸窣窣”的响声。雷诺阿吓了一跳，定睛一看才发现原来是一只小鹿。

雷诺阿在这座森林里是怎样忘我地画画啊，就连小鹿出现在身边都没有发现。正是这种投入的精神，让他保持了一颗宁静的心，尽情地领略这里的美。

《枫丹白露景色》创作于1875年，构图十分简单，银白色的苍茫天空与灰绿色的空旷草地，使画面显得十分空灵，和谐的色调，微妙的用光，柔和的构图，充满了爱之赞歌的主题，更使画面充满了温馨与安谧的田园情调。

险遇迪亚兹

在枫丹白露森林这个美丽的地方，雷诺阿遇到了美，也遭遇了一次危险，差点丢了性命。

那天他一个人在枫丹白露森林里写生，突然被一群喝醉的人围住了。他们指着雷诺阿哈哈大笑。“你们看，傻瓜一样的画家，你们看他身上的工作服，多么不入流。”雷诺阿假装没有听见，继续作画。他们以为雷诺阿会愤怒地反击，但是雷诺阿只是安静地画他的画。一个醉醺醺的人走过去一脚踢翻了调色板，其他人在旁边哈哈大笑。雷诺阿再也忍不住了，握紧了拳头向他冲过去，可是雷诺阿哪里是他们的对手，他一下子就被摔倒在地上，一个女孩还用阳伞捅他的眼睛，雷诺阿以为自己的眼睛要瞎掉了。自己又不是他们的对手，该怎么办呢？要怎么样才能逃离这群撒酒疯的人呢？腿部受伤的雷诺阿侧躺在地上。

正在雷诺阿走投无路的时候，一个沙哑的声音从树丛中传来："你们这是干什么？杀人吗？"雷诺阿看到一个又高又壮的男人从树丛中走出来。那人大概五六十岁，身上也背着画板，手里拄着一根笨重的拐杖。那群人看到这个瘸了腿的人，吹着口哨，说："那又怎样？你管得着吗？"说完，拿起了一根木棒。瘸腿男人见状，丢下画板，抡起他的手杖对着那群人一阵猛打，靠着一条腿乱踢。那群人被瘸腿男人的发狂举动吓坏了，灰溜溜地跑了。"真的非常感谢您。"受伤的雷诺阿从地上爬起来，惊魂未定的他拍了拍胸脯，试图让自己定下神来。那人没有回答他，走过去捡起雷诺阿的画板，认真仔细地瞧了又瞧，说："你画得不错啊。你很有才，嗯，很有才。可是你为什么画得这么黑呢？""咦？这人怎么这么奇怪？一见面就说我画得黑。难道他自己没看到吗？树干本来就是黑的，阳光被大树挡住了，自然是黑的。"雷诺阿拍了拍身上的泥土，克制了自己的不快，笑着说："德拉克洛瓦、安格尔那些大师们都用暗色调作画啊，我崇拜他们。我看到这些景色都是黑的啊，自然就要忠实眼前所见了。"那人听了，没有马上回答他，而是坐下来，捡起了一片树叶，对雷诺阿说："嗯！你说得不错。但是，你看，这片树叶的影子，它也有光。你再看那边的树干，它是褐色的，可是它也有光。

巴比松老街

《森林》

我想你也一定知道，褐色颜料是一种常规颜料，不易长久保存。你为什么不画得亮一点呢？你完全可以凭着你自己的理解给你的画赋予你想要的颜色，何必这么拘泥呢？”雷诺阿不敢相信自己的耳朵，他心中一惊，仔细地看了看他刚才画的景色，确实是有光的，再看看自己的画，黑色确实占了主导，使得整幅画暗无生气。“对啊，自己为什么不画得亮一点呢？虽然说真正的艺术家要最少想象，但是忠实于眼睛所见并不代表不能按自己的想法来画。”雷诺阿陷入了沉思，一时忘了身边还有他的救命恩人。那人看到雷诺阿一言不发的样子，说：“嘿！老兄，你在想什么呢？我是迪亚兹，你是谁？”“迪亚兹？你是迪亚兹？巴比松画派的迪亚兹？啊，原来我今天是遇到了贵人。”雷诺阿惊喜地说。随后，他们两人坐在草地上，开始聊起来。雷诺阿介绍了自己的经历，还告诉那人自己的雄心壮志。“我欣赏你，有时间到巴黎去找我，我们一起聊聊。”临走时迪亚兹对他说。雷诺阿崇敬迪亚兹，但他已经打定主意要画出自己的风格，所以他没有去找迪亚兹。

回到家的雷诺阿把他在枫丹白露森林的险遇告诉了莫奈，并把迪亚兹的话也告诉了他。莫奈也想认识这位迪亚兹，他还没有见过他。他觉得迪亚兹说的话很正确。莫奈就对雷诺阿说：“改天我们一起去森林里看看吧。有我在，你放心，你不会再遇到上次那样的危险了。我可比你强壮多了。”雷诺阿看着莫奈的样子，哈哈大笑。

这次经历危险还是值得的。雷诺阿从此认识了迪亚兹，从迪亚兹身上，雷诺阿学到了更多色彩的运用技巧。从雷诺阿日后的画作上看，颜色确实增亮了。

巴比松画派：19 世纪中期，一批法国风景画家在巴黎近郊枫丹白露森林附近的巴比松村居住下来，专心从事农村风景画的创作。卢梭是这个画派的领袖，成员包括迪亚兹、杜比尼等人。与这个画派关系密切的有米勒、柯罗等。

巴比松：紧挨着枫丹白露森林，1850 年前后，这里还是一个偏僻的小村落，没有教堂、邮局、学校，但它仅有的两家客店却住满了来这里写生的画家，这里迷人的风景和纯朴的民风吸引了他们。先是卢梭从巴黎迁居于此，接着柯罗、米勒等大批画家也到这里居住，使之几乎成为一个“画家村”了，画史上的“巴比松画派”便由此开始形成。

第4章：普法战争中的雷诺阿

躲不过的兵役

1870年，普法战争爆发了，报纸上、大街上，到处是战争的消息。巴黎的街头，人们行色匆匆，不敢逗留。平常商店里出售的食品突然涨价了。硝烟已经弥漫了整个巴黎，人们都忧心忡忡。雷诺阿去买作画的颜料，颜料店的老板突然告诉雷诺阿说他就要搬走了，他将带着一家人到外国去。

普法战争爆发于1870年7月19日，是普鲁士为了统一德国并与法国争夺欧洲大陆霸权而爆发的战争。由法国发动，最后在1871年5月10日以普鲁士大获全胜，建立德意志帝国告终。

《自由女神领导革命》德拉克洛瓦

普鲁士王国国旗

雷诺阿感到前所未有的担忧。小时候，雷诺阿就经历过动乱，动乱的日子真的不好过。因此，雷诺阿很不喜欢战争，不喜欢政治。战争的形势越来越紧张了，大街上到处是征兵局的人在征兵。收到征兵通知那天，雷诺阿正好不在家，他到朋友家里去了。父母派人通知雷诺阿回家商量服兵役的事。雷诺阿赶回家，看到了那张通知书。通知书的措辞写得很伟大，“为祖国奉献”“为法国人民的幸福安康”等等这些字眼都刺中了雷诺阿的心。雷诺阿这时已经 29 岁了，完全达到了法律要求服兵役的年龄。但是战争是残酷的，战场上刀枪无眼，随时都有可能丢掉性命。自己是法国的公民，是国家的一分子，理应为国家作出贡献，很多与自己一样的年轻人都走上了战场，穿上戎装，为国战斗。但是说心里话，雷诺阿不想去服兵役。为此，雷诺阿和父母都很发愁，家人积极地为他想办法，甚至去找人替他服役，可是没有人肯干这件事。征兵处的人来了好几次，他们挨家挨户地敲门，劝说人们积极参加保卫祖国的战斗。

偶然的一次机会，父亲得到一个朋友的建议，那个朋友是个大腿残疾的人，他让雷诺阿去残疾军人征兵院报到，只要拿到残疾证明，就可以免除兵役。听到这个消息，雷诺阿仿佛看到了希望。唯一的办法就是靠那张小小的残疾等级证明了。雷诺阿去了残疾军人征兵院，那里的场景着实让他吓了一大跳。在征兵院的门口，排着长长的队伍。队伍里的人有的是瘸着腿的，有的是伤了手的，也有的是和自己一样身体完好，看不出残疾的人。征兵院的工作人员严格地给那些人做着检查，很多人都没有拿到残疾证明，被勒令去参军。雷诺阿排在队伍后面，一直在担心自己也会遭受同样的命运。终于轮到雷诺阿了，他有点害怕，连走路都颤抖起来。负责检查的军官看到雷诺阿的样子，问他："你的身体哪里不好？你这手脚完好的！""尊敬的先生，我的身体很不好。我患有间歇性昏迷症，我不知道我

法国"七月革命"是1830年欧洲革命浪潮的序曲，因为波旁王室的专制统治令经历过法国大革命的法国人民难以忍受，以致法国人民群起反抗当时的法国国王查理十世的统治。此次革命的成功是维也纳会议后革命运动首次在欧洲的成功，鼓舞了1830年及1831年欧洲各地的革命运动，标志着维也纳会议后由奥地利帝国首相梅特涅组织的保守力量未能抑制法国大革命后日益上扬的民族主义及自由主义浪潮。

什么时候会昏迷。”雷诺阿按照事先想好的办法回答他。那个军官拿起雷诺阿的手，说：“倒是一双漂亮的手！你是弹钢琴的吗？”“不！先生，我是画画的。”雷诺阿收起了自己的手。检查持续了一个多小时，终于结束了。结果出来了，雷诺阿很失望，他没有拿到残疾证明。

在回家的路上，雷诺阿想了很多。他想到了自己的父母。父母从小把他养大，让他接受教育，让他去做自己想做的事。父母给了自己一份宁静的生活，自己现在应该好好地照顾父母，至少不让父母为自己担心。可是自己就要上战场了，未来生死未卜，父母将整日整夜为自己担心，自己怎么对得起父母呢？想到这里，雷诺阿快要哭出来了，他强忍住了眼泪，告诫自己要坚强。雷诺阿还想到了他的朋友们，想到就要与朋友们离别了，雷诺阿心里一阵悲伤。自己要去服兵役了，那么莫奈、巴齐耶、塞尚他们呢？想到这里，雷诺阿突然很想和这些朋友再见见面，因为不知道以后还能不能再见到他们。街上的人很慌乱，大家都在为这次战争担惊受怕，没有人喜欢战争。“保卫祖国！”“打倒普鲁士！”游行的人群情绪激昂，高喊着爱国的口号。雷诺阿很冷静，他想到的是和家人、朋友的离别和即将到来的死亡。雷诺阿回到家，把征兵院的事告诉了父母，他安慰父母，向父母保证一定会保护好自己。

事到如今，雷诺阿只有去服兵役了。在上战场之前，雷诺阿想去看看朋友，他先去找了莫奈。这次见面，雷诺阿还听到了一件震撼自己心灵的事情。

雷诺阿听说莫奈于 1860 年在阿尔及利亚服了一次兵役，原本这次可以不用服兵役，但是由于法国形势紧张，征兵局的人又找到了莫奈，说莫奈也要服兵役。见到了雷诺阿，莫奈很激动。他知道雷诺阿要上战场的消息后，悲痛地流下了眼泪。他告诉雷诺阿："我要离开巴黎，暂时

普鲁士是欧洲历史地名，位于德意志北部，一般指 17 世纪至 19 世纪间的普鲁士王国，是德意志境内最强大的邦国。19 世纪通过三次王朝战争统一了德意志，1871 年在普法战争中击败了法国，威廉一世在凡尔赛宫加冕成为德意志帝国皇帝。普鲁士是一个强大的军事帝国，在短短二百年内崛起并统一德国，建立了德意志第二帝国。所以普鲁士有时也是德国近代精神、文化的代名词，同时也是德国专制主义与军国主义的来源。

躲在我父亲家里，等战争过去了再回来。我的朋友，亲爱的雷诺阿，等我回来一定让我见到你，你可不许抛下我自己一个人到天堂去享受美景。”雷诺阿被逗乐了。“唉！其实我上次在阿尔及利亚并没有参加战斗。那年我不幸染上了伤寒，被送回法国疗养，暂时免除了兵役。是我的姑妈为我买了一个替身代替我上了战场。后来听说那个替身在战斗中死了，留下家里的妻子和孩子。我觉得我对不起那个替身，要不是因为我，他可能不会死，他会安静地活到年老，最后在舒适温暖的床上离开这个世界。”莫奈语气沉重悲伤，向雷诺阿吐露了多年来压着自己的心事。原来老朋友莫奈能活下来是因为那个替身啊。雷诺阿还从莫奈那里了解到塞尚、布丹、迪亚兹也都为躲避兵役离开了巴黎，遗憾的是，雷诺阿没有能和他们见上一面。他和莫奈告别后，就离开了。

这件事深深地影响了雷诺阿对战争、对生命的看法。每个生命都是上帝的产物，是公平的。没有人有剥夺他人生命的权利。雷诺阿更加讨厌战争了。因为对生命的热爱和尊重，他不喜欢巴黎街头那些嘹亮的口号，他不喜欢战争，不喜欢革命。但是，雷诺阿还是要到战场上去，去履行他的义务。

骑兵连里的画家

既然躲不过兵役这一劫，那就去战斗吧。雷诺阿准备应征入伍，承担起这份沉重的责任。

雷诺阿去了征兵局报到，征兵局里热火朝天的，登记的忙着登记，领军装的忙着领军装，送行的忙着送行，对这些，雷诺阿已经感觉不到悲伤了。他鼓起了勇气，这份勇气支撑着他走进了征兵局的大门，迈上了一条与艺术背道而驰的路。

新入伍的战士都要进行一段时间的军事技能训练。白天，雷诺阿接受严格的训练，每天摸爬滚打。虽然雷诺阿是穷人家的孩子，但他从来没有受过这种苦。雷诺阿咬着牙坚持到了最后。

晚上，雷诺阿躺在兵营的帐篷里睡不着。黑暗中，雷诺阿摸了摸自己的双手，这双手拿过刀叉，拿过画笔，这双会画画的手可以描绘出美丽的风景和人物，但是它能拿得起武器吗？它能担负得起杀敌报国的重任吗？雷诺阿这时好像已经忘记了死亡的威胁，他好像觉得自己真的融入了军营，成为了一名名副其实的战士了。

那天训练完了之后，雷诺阿正在休息。一个战士跑过来对他说："雷诺阿，上级通知你去参谋部，有人找你。"雷诺阿很纳闷，他不知道是谁找他。等他跑到参谋部门前，一个人叫住了他。他回头一看，原来是以前认识的比贝斯库王子。他很惊讶，说："尊敬的王子，您怎么在这里？"王子笑了笑说："是我让他们叫你来的。我现在是巴刺伊将军参谋部的副官，那天看到你的名字，我很惊讶你也到军队里来了。"雷诺阿这才松了一口气，他还以为参谋部找他是什么严重的事呢。他向比贝斯库王子解释了自己参军的经过。王子很惋惜地说："看到你在军营里受苦，我很为你担心。我给你想了一个好办法。""什么办法呢？"雷诺阿问。王子把雷诺阿拉到身边，悄悄对他说："亲爱的雷诺阿，你从此以后不必再受这种苦了。我已为你求得同意，你只要在参谋部里当画师就好。军队里也会需要画师，负责描绘地图的工作。"这对雷诺阿来说确实是个好消息，如果能在参谋部里当画师，就不用参加战斗，可以保住性命，还可以继续画画。可是一想到有一个人会替他上战场，还有可能会战死沙场，他就觉得不安心。雷诺阿想了一会儿，对王子说："尊敬的王子，您的好意我心领了。谢谢您为我谋求活下去的方法，但是如果我躲在参谋部里，就会有另外一个人替我上战场。如果他替我战死了，我会良心不安的。我接受命运对我的安排。"看到雷诺阿坚定的样子，王子也没有再多说，只是让他多保重。在从军期间，雷诺阿坚守着自己的战斗岗位。

训练期结束后，雷诺阿首先被派遣到了重骑兵团里，负责驯养军马等事务。骑兵团是军队里很重要的一部分，参谋部下令增强骑兵团。骑兵团离不开马，因此雷诺阿身上的责任重大。想要待在骑兵团里，必须学会骑马。而雷诺阿这位热爱大自然的画家，他那双手从来没有拿过马鞭和缰绳。他根本不会骑马！不会骑马，那该怎么办呢？焦急的雷诺阿觉得自己不能撒谎骗人，他要去找上尉，告诉他自己不会骑马的事实。他鼓起勇气，走进上尉的帐篷，敬了个军礼，挺直了胸膛："报告上尉！我是骑兵连士兵雷诺阿，我不会骑马！"上尉给他回了个军礼，瞅了他一眼，问他："请问你入伍前是干什么的？""画家！我是画画的。"雷诺阿回答得很干脆，心里一直害怕上尉让人把他拖出去。但是上尉听了他的话，并没有这么做，反而笑着说：“画家？幸亏没有把你安排到炮兵连或者步兵连去，要不然这个世界上就少了一个艺术家呢！这样吧，咱们来个交易，我教你骑马，不过你得教我的女儿学画画。我的女儿很喜欢画画。”雷诺阿很惊讶，他没有想到上尉竟然是一个这么通情达理的好人，“好的！上尉，我同意您的想法!”雷诺阿很庆幸自己没有被直接送到步兵连去。因为是负责驯养马匹，雷诺阿不用到战场去打仗，得以保全性命。

聪慧的雷诺阿很有骑马的天分，学了几个月，他已经成为一名优秀的骑兵，基本上能驾驭这些桀骜不驯的马了。上尉对雷诺阿的表现很满意，他当着全连的面表扬了雷诺阿。雷诺阿的战友们很好奇他为什么能如此快速地学会骑马和驯马，其实雷诺阿用了最简单的一招，那就是顺着马的意思。刚开始的时候，雷诺阿根本不敢靠近马，他觉得眼前的这个庞然大物太吓人了。上尉一看他这个样子，一把拽过雷诺阿，把缰绳放在他手上，说：“你只要不伤害它，它就不会伤害你。马也是通人性的。”在上尉的亲自指导下，雷诺阿慢慢摸索出了驯服马的方法。他发现，驯马其实和画画一样，马就像模特，绘画是要照着模特的样子画出想要的风格，驯马则是要顺着马的性子，温和地对待它。雷诺阿就是顺着马的性子，温和地对待马，无聊的时候，他就把马当成朋友，和它说说话，虽然马不会听也不会说，但却是个不错的倾诉对象。在驯马的过程中，雷诺阿体会到了一种与动物和睦相处的快乐，这对他的创作产生了一定的影响。他开始觉得任何事物都可以搬到画布上来，只要你赋予它美感。

军队先是驻扎在波尔多，后来又转到了塔布。这里和前线战场还有很远的距离，雷诺阿暂时远离了令他心惊肉跳的枪炮声。在这里，他要教上尉的女儿画画。上尉的女儿酷爱画画，她一直缠着她的父亲给她找一名画师当老师，可是上尉忙于战事，一直没有理会这件事，直到遇到了雷诺阿。

上尉的女儿很喜欢雷诺阿这位安静的老师，她觉得雷诺阿和以前教过她的老师不一样，雷诺阿画的画很柔和，不犀利，充满了阳光和愉悦。雷诺阿也很喜欢教这个聪明的学生，但是他还要负责驯养马匹，空余的时间并不多。每次去教学都是趁着大家休息的时候偷偷溜出去。他之所以这么做，是因为在教学生的过程中，能借此机会沉浸在绘画中，远离战场上的硝烟，享受片刻的宁静。

波尔多港

军队驻扎的地方波尔多是个盛产红酒的地方，这里的葡萄园很多。雷诺阿看到了很多勤劳的乡下妇女，他觉得那些妇女在采摘葡萄的时候很美，身上好像笼罩着美的光辉。一天，雷诺阿经过一个葡萄园，紫色的、绿色的葡萄掩映在碧绿的葡萄叶下，一群妇女正忙着采摘葡萄。这是多么美好的场面啊，这里没有冲锋号，没有紧张的军情，一点也不像战争的前线。村民们忙着丰收，脸上洋溢着喜悦，丝毫没有一点儿对即将面临死亡的恐惧。特别是那些妇女们，她们的皮肤被太阳晒得黝黑，呈现出健康的肤色。她们手脚有力，干活利索，不像城市里的妇女那般娇弱。她们的脸上挂着汗珠，虽然皮肤有些粗糙，没有涂脂抹粉，却异常亮丽。她们中有几个人看到了雷诺阿，就招呼他吃葡萄。雷诺阿被眼前的景象吸引住了，他拿出画笔，架好画板，开始描绘眼前的景象。

雷诺阿画着画着就忘了时间，他离开营地已经几个小时了。为了他的安全，上尉已经派人出来找他了。正在作画的雷诺阿没有注意到，几个国民自卫队队员走近他的身边。这下雷诺阿惹麻烦了。国民自卫队队员不知道雷诺阿的身份，看见他拿着笔在纸上作画，以为他是间谍，正在给敌方画地图。他们一把拉过雷诺阿，抢过他的画，仔细地看了一会儿。他们发现上面没有地图，而是一幅摘葡萄的妇女像，于是就松开了雷诺阿，没走几步路，一个国民自卫队队员忽然跑回来，一把抓住雷诺阿的双手，大喊："抓间谍！抓间谍！他正在秘密给敌人通风报信！"雷诺阿还没弄明白是怎么回事，就被绑起来了。他辩解道："尊敬的军官！我画的只是女人和葡萄，没有通风报信！"可是激愤的国民自卫队队员没有理会雷诺阿，他们心想：这个人可能在画布上设置了不少神秘符号，他就是通过这些看起来很平常的事物向敌人通风报信的。这几个国民自卫队队员断定雷诺阿不是真正的画家，他一定是普鲁士军队派来的间谍！他的画无疑是为敌军绘制的地形图。国民自卫队队员决定把雷诺阿押到军队里去，交给军队处罚。

葡萄园里的妇女们被惊动了，她们赶过来看看发生了什么事。一大群人赶到了军营，被挡在门外，哨兵看到雷诺阿，立马去通知了上尉。上尉对此事也很震惊。他是一个好人，听说雷诺阿被误认为是间谍，赶紧去见雷诺阿。当国民自卫队队员把雷诺阿的画交给上尉看时，上尉顿时哭笑不得。没想到他这个画家竟然被当作间谍，这些女人像竟然被当作情报！上尉对那几个国民自卫队队员说："其实，他是我的驯马师。他的确是个画家，是我让他帮我出去看看村民们生活得怎么样，有没有受到军队的影响。我的马还是他帮我喂养的呢。雷诺阿，你还不快去喂马！"上尉朝雷诺阿使了个眼色，雷诺阿心领神会，马上离开了。雷诺阿这才脱险，要是没有上尉的帮忙，雷诺阿就可能会被判为卖国罪，会被枪毙。

这次绘画事件，让军营里的人都知道了在骑兵连里有一个会驯马的画家，他一下子成了骑兵连里的名人。这次雷诺阿差点儿丢了性命，他再也不能随心所欲地到营地外去作画了，他必须更加谨慎。在战争紧张的气氛下，雷诺阿还是坚持画一些画，这些画的题材包括士兵、营地外的农村妇女、农村生活等。他发现自己深深地迷上了那些有着柔软肤质和明亮眼睛的农村妇女。他觉得这些女性应该被描绘在画布上，她们代表着一种女性的柔美。

退役后的甜美画风

军营里的生活很苦，到处充满了死亡的气息。战友的离去刺激着雷诺阿敏感的神经，他常常到马棚里，抚摸着马背，暗自流泪。这些他亲手喂过的战马，很可能会在战场上遭受炮弹的袭击。这些马不会说话，它们不知道战争是什么，可是在雷诺阿眼里，这些马就像自己的朋友一样，他对它们充满了感情，他为它们即将面临的死亡而伤心落泪。

在军营里，雷诺阿没有任何关于巴黎的消息。他很担心家人的安全，他常常闷闷不乐，一副忧虑的样子。他吃不下饭，也睡不好觉，没过多久，他就染上了痢疾。他的病很严重，加上身处军队，药物紧缺，根本无法医治，医生只能给他吃一些治疗腹泻的药。雷诺阿吃了那些药，并没有任何好转的迹象，他昏迷在帐篷里。战友们聚集在他的床前，默默地为他祷告。就当所有人都以为雷诺阿快死了的时候，雷诺阿挣扎着动了动嘴唇，发出微弱的声音：“水。”战友们很惊讶，雷诺阿竟然活了下来。当雷诺阿恢复意识清醒过来后，他看到身旁的伙伴脸上惊喜的表情，他顿时觉得能活下来真是太好了。雷诺阿在 1871 年 3 月 1 日给夏尔·勒克尔的信中说：“我都觉得快完蛋了……他们大概以为我已经死了吧！”

雷诺阿每天面临着死亡的可能，他看到了这场战争给人们带来的创伤。有一天晚上，他住在一个酒商家里，酒商亲戚的孩子也寄宿在那里。那个小男孩的父母都在战争中死去了，只剩下了他。小男孩病得很严重，整天一言不发。酒商把他送到医院去看病，但医生也无能为力。然后，他开始疯言疯语，开玩笑似的吻别亲戚。又过了一天，他整个人都崩溃了，一点儿也不像是个人。战争把这个原本可爱的孩子折磨成了这个样子，这让雷诺阿感到愤怒和惋惜。他已经坚持不住了，他觉得自己也快要变得和那个孩子一样了。

1871 年 5 月，普法战争以法国的失败告终。战争结束了，雷诺阿从军队退役回家，他终于回到了日思夜想的巴黎。回到巴黎后，雷诺阿感觉到一种从未有过的亲切。正当雷诺阿试图平静自己内心的时候，他受到了更大的打击。1870 年 11 月 28 日，他的好朋友巴齐耶在战争中被炮弹击中，光荣牺牲。惊闻噩耗，雷诺阿痛哭流涕。这是他好朋友的死讯啊，他怎么也没想到巴齐耶就这样英年早逝了。巴齐耶，这个有才气、有文化的朋友就这样死在了战场上，雷诺阿甚至还没有来得及见他一面，就阴阳两隔！这一年，巴齐耶年仅 29 岁。痛失一位好友，让雷诺阿不知道该如何是好。他想找其他朋友倾诉，可是莫奈远在英国，西斯莱

《全家团聚》　巴齐耶　1867 年　现藏于巴黎奥赛博物馆

《夏伊的风景》　巴齐耶　1865 年　现藏于美国芝加哥艺术学院

也破产了，经济拮据，处于困顿中。塞尚此时还在爱斯塔克，未回到巴黎，昔日的“四好友集团”如今只剩下了三个。雷诺阿去看望巴齐耶的家人。在巴齐耶的书房里，他看到了巴齐耶的画《全家团聚》和《夏伊的风景》。看着这些熟悉的画作，他想起了往日一起在枫丹白露森林写生的景象，想起了巴齐耶乐观爽朗的笑容，突然一阵悲痛，他再也不能看到巴齐耶提笔作画的样子了，再也不能和他一起到孔达米恩大街的画室里讨论、画画了。

他需要去平复自己的心，雷诺阿沿着塞纳河慢慢地走着，迎面吹来的是一阵阵温暖舒适的风。看着风光旖旎的两岸，巴黎的历史，巴黎的文化，巴黎的艺术，巴黎的富庶，巴黎的傲慢，巴黎的浪漫，巴黎的潇洒，在塞纳河两岸洋洋洒洒、酣畅淋漓地存在着。这才应该是生活本来的面貌，生活就应该是和和美美的。为什么要让战争给多姿多彩的生活添加恐怖的黑色呢？偶尔，两个孩子打闹着从雷诺阿身边经过，雷诺阿一阵莫名的感动，他想：生命是多么美好啊！战争是个可怕的东西，他再也不要看到战争。战争在雷诺阿的画布上留下了深深的印记，渴望和平、渴望宁静的雷诺阿开始注重甜美的、柔和的事物。他开始在画布上描绘生命的活力和生命的光辉。

塞纳河

塞纳河是法国北部的大河，全长780千米，包括支流在内的流域总面积为78700平方千米；它是欧洲有历史意义的大河之一，其排水网络的运输量占法国内河航运量的大部分。自中世纪初期以来，它就一直是巴黎之河；巴黎是在该河一些主要渡口上建立起来的，河流与城市的相互依存关系是密不可分的。

《舞蹈者》

怀着对生命的尊重和对巴黎的思念，雷诺阿开始形成了退役后的甜美画风。他以孩子般的眼睛去发现柔和的天际。走在巴黎的街头，到处充满着生机勃勃的景象，人们脸上洋溢着和平的愉悦。往日的巴黎此时显得更加可爱，那些巴黎女人们闪烁着持久的阳光和生命的斑斓。这不就是自己一直想追寻的生活的真谛吗？突然，雷诺阿听到一阵鼓声和音乐声，他很好奇，凑过去一看，是一家卖阿尔及利亚饰品的小店。小店门口有一个红磨坊，几个穿着阿尔及利亚服饰的巴黎女郎在红磨坊前扭动着腰肢，跳着肚皮舞。她们的手和脚随着音乐的节奏在转动，翘起下巴，显得高雅大气。朱红色的嘴唇翕动着，像是在哼着歌。她们身穿阿尔及利亚的服装，头上盘着红色的头饰，一直垂到腰间。耳朵上挂着的虽只是普通的耳环，但却增添了几分雅致。看到这样热闹、欢乐的场面，刚刚经历了战争的雷诺阿感到了前所未有的活力。他仿佛觉得自己又回到了服役前的状态。于是，雷诺阿回到家，经过精心构思，画了那幅《阿尔及利亚风格的巴黎女郎》，开始走上了描绘巴黎景象之路。

为了更好地画画，雷诺阿从 1873 年起，搬到了巴黎圣乔治街三十五号的画室。画室在顶层，弟弟爱德蒙就住在楼下，兄弟俩一起吃饭、一起讨论问题。在雷诺阿心里，弟弟

《阿尔及利亚风格的巴黎女郎》
1872 年　现藏于东京国立西洋美术馆

《采花的女人》　1872 年　现藏于美国麻州克拉克艺术协会

是一个心地善良、活泼开朗的人。兄弟俩性格迥异但感情很好。在雷诺阿的言传身教下，弟弟爱德蒙很喜欢哥哥的画风，他支持哥哥对光影印象的描绘。当初父亲不支持雷诺阿的绘画事业，曾说："这是位艺术家，可他会饿死！"姐姐丽莎也劝过雷诺阿别太莽撞，只有弟弟爱德蒙积极地拥护他。听说哥哥要画关于巴黎的画，他不理解哥哥的突然转变。雷诺阿把自己在战场上经历的事情和回到巴黎的感受通通告诉了弟弟，弟弟这才明白了哥哥的心。他打算帮助哥哥绘画。可是要怎么帮助哥哥呢？那时候，弟弟爱德蒙已经是几家报社的撰稿人。从小就爱好写作的爱德蒙发挥自己的才能，撰写了一篇关于哥哥雷诺阿的文章。文章向人们介绍了雷诺阿，描述了雷诺阿是如何进行创作的。

一天，雷诺阿去喝咖啡，偶然发现那家咖啡馆的二楼是个画巴黎街景的最佳位置，站在任意一个窗口都会观察到不同角度的景色。早上，太阳升起来，明媚的阳光洒在红色的屋顶上，鸽子迎着朝阳起飞；傍晚，柔和的夕阳余晖停留在白色的、灰色的墙壁上，特别温馨。雷诺阿欣喜若狂，他马上回家取来画具，在那儿画了好几天。可是街上都是行人，很少有停留在那里的人，这样就没有固定的人物当模特了，缺了人物，就少了许多生气，这可怎么办呢？雷诺阿想了很久，终于想了一个办法。他让弟弟帮他到大街上把过路人拦住，让他们停留片刻摆个姿势，雷诺阿迅速画好后再让路人离开。弟弟在大马路上拦住了那些过路的人，一些可爱的绅士和小姐们自然愿意停下来，回答爱德蒙提出的莫名其妙的问题。也有的人不理解，推开爱德蒙就走了。这样的日子持续了两个星期，雷诺阿也画得差不多了，看到弟弟这样辛苦，他不忍心让弟弟帮忙了。

结束了在咖啡厅的绘画，雷诺阿开始背着他的画具到处去写生。有时候在巴黎的某个街角画上一整天；有时候到塞纳河附近去画一画两岸的风光和观光者；有时候也到巴黎郊外的农村去和村民一起生活，描绘那些淳朴的乡下生活。

从 1871 年退役到 1874 年，雷诺阿创作了一系列表现甜美的巴黎生活的画作和一系列人物画像。主要作品有《巴黎夏日街景》《采花的女人》《夏日风光》《亚嘉杜的塞纳河风光》《达拉斯夫人像》《钓鱼者》《巴黎女人》《舞蹈者》《母亲和孩子们》《打太阳伞的妇人和孩子》。雷诺阿的智慧，让他可以从任何平常的事物中看到其存在的价值。他发现了巴黎的现代场景中蕴涵着美丽和迷人的气息。街头的卖艺女郎、塞纳河边的垂钓者、花园中采花的女人、孩子与母亲等等，这些人物出现在了雷诺阿的画布上，为雷诺阿的画增添了一段甜美的历史。左拉评论说："雷诺阿擅长描绘具有人情味的人物。特点是表现在一系列明亮的色调上，而这些色调以一种神奇的和谐相互搭配。我们会以为看到委拉斯开兹画中的炽烈阳光照耀在鲁本斯的画上。"

左拉（1840—1902），自然主义创始人，1872 年成为职业作家，左拉是自然主义文学流派的领袖。19 世纪后半期法国重要的批判现实主义作家，自然主义文学理论的主要倡导者，被视为 19 世纪批判现实主义文学遗产的组成部分。

左拉

《莫奈夫人和孩子》　1874 年　现藏于华盛顿国立美术馆

《音乐课》

《达拉斯夫人》

第 5 章：印象派之路

印象派横空出世

战争后的雷诺阿经历了一段平复时期，他改变了画风，转入了甜美系列的创作中，生活贫困，却很平静。这时莫奈也从英国回来了，雷诺阿、莫奈、西斯莱、毕沙罗德加等一帮画家重新集结，他们经常在塞纳河畔的阿让特伊作画，研究阳光在水面上的反映，他们的作品形成了一种共识性的风格。但是雷诺阿这种风格的作品很难卖出去，他并没有改善经济状况，依然贫困潦倒。1873 年，贫困潦倒的雷诺阿凭着当年参加沙龙展入选的信心，希望通过参加

《布洛涅森林中的骑马小径》 画布 1873 年
现藏于德国汉堡美术馆

巴黎的官方艺术活动来给自己增加收入。但是评委故意排挤雷诺阿，他的画《阿尔及利亚风格的巴黎女郎》和《布洛涅森林中的骑马小径》都落选了。失意的雷诺阿对官方沙龙展已经绝望了。

正当雷诺阿困境重重的时候，莫奈、毕沙罗、西斯莱的作品却慢慢地被一些收藏家重视。在那些收藏家的帮助下，莫奈早期的一些作品最高能以 1500 法郎的价格卖出去。毕沙罗的一些画也能达到 500 法郎。根据行情，巴黎一家百货店的老板拍卖了莫奈、毕沙罗等人的作品。这批作品以高价被成功拍卖，紧接着，他们的作品迅速涨价。雷诺阿也为此感到高兴。

但是好景不长，普法战争后一时的经济繁荣结束了，法国的经济陷入了大萧条时期。受到经济的影响，画商们手上的画再也难以出售，有的画商停止了向他们买画的计划。正当大家一筹莫展之际，莫奈提出一个想法：自费举办一个画展，通过这样的展览来获取公众的支持。但是一些画商听到消息后就强烈反对这个提议，他们认为要想获得社会声誉，只有参加官方沙龙画展。如果以特殊集团的身份来举办展览，只会遭到官方的攻击。雷诺阿和莫奈他们也认真思考了画商的意见，毕竟这关系到其他画家的生存和前途。就在此时，犹豫不决的画家们听到一个令人震惊的消息。他们听说，如果想参加沙龙展，一个画家可以选送三幅画，一幅或者两幅肯定会被接受，但是这些画必须有情节，不能太新鲜，要具有老练沉着之风等等。这些要求明显违背了他们所坚持的绘画理念。这群充满理想的画家们哪里能画这样的画呢？大家群情激奋，一致通过了莫奈提出的建议。因此，举办一个自己的画展迫在眉睫。

空有一腔豪情并不能解决问题，举办一个画展牵涉到很多问题，需要做很多的准备工作。关于如何举办这次的画展，作为主要负责人的莫奈召集大家一起商量。他们已经讨论过很多次了，都没有确定下来。这个时候已经临近官方沙龙展的开始时间了。他们觉得要想得到更多人的关注，必须赶在沙龙展开始之前举办画展。于是，他们进行了最后一次商谈。在香气氤氲的咖啡馆里，会议首先要确定的是参加画展的画家名单。大家陷入了沉默，德加率先打破了沉默，他说："我们应该邀请一些美术界的重要人物和那些在官方沙龙展上作品多次入选的画家。这样就可以避免官方过多的干涉，画展会更顺利。""这叫什么话！难道你还没看清那些沙龙展的真面目吗？他们要把我们都赶下台去！我们要展出自己的画！"雷诺阿、莫奈他们强烈反对这个提议，他们坚持要让自己人来参加此次画展。“那马奈呢？咱们不能落下马奈！”德加不甘心他的提议就这么被否决掉了。在场的人也觉得马奈与他们是同一条道上的人，也就同意了。莫奈建议邀请自己的老师布丹，他说：“布丹一直支持我们，也算是我们的人！”大家同意了莫奈的提议。这时，毕沙罗顺势推荐了塞尚，可是大家一听到塞尚的名字便纷纷摇头。他们觉得塞尚的画实在是太“粗暴”了。在雷诺阿和毕沙罗的据理力争下，其他人勉强同意了。这次画展应该有个正式的名称吧？大家苦思冥想，想出了一些如“金莲花”一样古怪的名字。这时，雷诺阿坐不住了，他说：“我们不一定非得要一个名字吧。就叫作‘无名画家、雕塑家、版画家协会’好了。”大家被逗乐了，无奈之下也只好同意了这个名称。

整个上午过去了，他们的会议也快要结束了。他们决定在 3 月 25 日举办画展开幕式，画展会持续一个月左右。地点定在巴黎市中心杜鲁街一座大厦的二楼。那里原来是一个摄影家的工作室，房间光线充足，宽敞明亮。他们确定了参展的画家主要有莫奈、雷诺阿、毕沙罗、布丹、塞尚、德加等 29 人。

计划已经拟定，他们开始紧锣密鼓地准备第一次画展了。他们成立了一个筹备委员会，雷诺阿担任副主席。筹备的工作很烦琐。联系画家送画、布置展位、做宣传等等一堆的事务需要处理，好在参展的画家们都及时地把各自的得意之作送到了展区。

最让雷诺阿头疼的是挂画。一开始的时候，委员会的委员们都很积极地监督挂画，但是到了后来，他们就觉得这个工作很枯燥，都去忙别的事了。监督挂画的重担落在了雷诺阿身上，他一个人得安排整个画展的挂画工作。一些画家送来的画超过了预定的数量，又不好再送回去，只能找地方挂上去。要想获得更好的艺术效果，不同风格的画、不同画家的画要分开摆放。如何给观众制定参展手册等等，这些问题几乎把雷诺阿沉着的耐心消磨掉了。幸亏德加从外地回来，他积极地与雷诺阿一同准备。

1874 年 3 月 25 日，在众人的努力下，画展的开幕式如期举行。前一天晚上，雷诺阿根本睡不着。他在床上翻来覆去，一直很兴奋。脑海里设想着一幕幕第二天开幕式的场景。政府会不会突然派人来捣乱呢？会不会一个观众也没有呢？会不会……就这样熬到了天亮。雷诺阿赶紧起床，今天他可是主要的负责人之一。他得早点到展览室去看看还有什么没准备好的。

雷诺阿到达展室时还不到八点，距离开幕式还有两个多小时。前段时间都没有时间好好欣赏这些杰作，现在终于可以好好看看这些画了。开幕式一共展出165幅画，他置身于安静的展室里，慢慢地挪动脚步，细细地欣赏着那些画。雷诺阿看到几幅充满光线的画，他想起了过去有一次和其他画家朋友们一起去写生的情景。他不经意间一抬头，让他看到了光线穿过树叶产生的明晃晃的样子，茅塞顿开。他受到了关于光的启发，原来光的样子才是最美的，光线的本质开始在他心中扎根，他开始更加重视对光影的描绘。“这真是一种享受啊！”雷诺阿感叹着。驻足于塞尚的《现代奥林匹亚》前，他想：“塞尚果然是塞尚，还是这样特立独行。不知道观众会怎么看呢。”当雷诺阿看到莫奈的《日出·印象》时，他震撼了。“这不就是我想要的感觉吗?”这幅画给他的感觉是那么的强烈，他觉得这幅画的特点能把这屋子里所有画的特点都囊括进来。这幅画描绘的是日出时在晨雾笼罩中阿弗尔港口光线朦胧的景象。莫奈在这幅油画中用了大量的蓝绿色来表现天空和海面。整个画面都笼罩在阴暗迷雾当中，晨起阳光照射，天空被染成了金黄色，阳光映射在水面上，反射出绚丽的光。整个画面，莫奈没有对景物的外轮廓详细地勾勒，使之整体处在朦胧中，广阔的天空、海上的景色、远处似有似无的房屋、港口的船，还有船上所勾勒的人以及整个画面的色彩都是一气呵成，中途完全没有任何犹豫。大块的色块、或长或短的笔触构成了这幅画，虽说有些地方还不够精细，但藏巧于拙却深深吸引了雷诺阿。因为这幅画描绘的这一切是如此的真实，面对这幅画的时候，就像你亲自站在远处观望阿弗尔港口晨雾中的日出，亲眼看到通红的金色太阳照亮了灰蒙蒙的世界，使人有身临其境的感觉。这一切，好像是莫奈从一个窗口看出去画成的。“他是如此大胆地用零乱的笔触来展现雾气交融的景象，这表现的完全是一种瞬间的视觉感受和活泼生动的作画情绪。它一定会引起轰动的。”雷诺阿激动地想着。

不出雷诺阿所料，《日出·印象》引起了观众的注意。观众陆陆续续地来到了展室，报社的人也来了。整个展厅里人很多，但是好像都是来看热闹的，屋子里不时地发出阵阵怪笑，还有人激烈地咒骂。观众注意到了这幅《日出·印象》，他们只看了一眼，就哈哈大笑。一个人气愤地说：“真是浪费时间！毛坯的糊墙纸也比这海景完整！”报社的人迅速聚集到这幅画前，他们拍下了这幅画的照片和人们嘲笑它的表情。塞尚看了这幅画，惊叹道：“莫奈有双对色彩敏感的眼睛，可是我的天，那是多么了不起的眼睛啊！”

展览从3月25日一直持续到4月25日。除了开幕式当天是免费的，其他时间参观都要每人收取门票钱。这一个月以来，几乎每天的报纸上、杂志上都有关于这次画展的消息，但不是嘲笑就是侮辱，雷诺阿几乎没有勇气去翻看这些报纸和杂志了。但他还是想了解观众是如何看待自己的作品的，他搜寻着公众对他的评价。4月29日那天，他买了一份《巴黎日报》，报纸上的评论触目惊心。它这样写道：“这是沙龙展前反叛者的展览！这一派丢掉了两样东西：线条和色彩。……为了遵循某种荒谬极顶的理论，他们陷入了精神失常的泥坑，成了疯子，变得粗鲁。一个小孩的涂鸦具有天真和真诚的特点，都会使人嫣然一笑；而这一派人荒淫无耻的行为令人作呕，导致人们起来抗议。……我们会见到皮肤犹如西班牙烟草的女人骑在黄马背上，在蓝树森林中溜达。在细看展品之后观众不禁会想：他们是在那里无礼地故意愚弄公众呢？还是这些展品本身就是一群可悲的精神病患者的成果？……”“骗子”“恐怖的东西”……这些评论不是严厉的讽刺就是风淡云清的概述，他还看不到任何关于他的评价。雷诺阿又去买了一本《喧哗》杂志，杂志封面上大大的标题赫然入目："印象主义的失败实验！侮辱画家之名!"雷诺阿很气愤，报社竟然如此评价他们的画展。他迫不及待地翻开那一页。一个署名是"勒鲁瓦"的记者在杂志上对莫奈那幅《日出·印象》冷嘲热讽："印象？我们确信不疑。我已经从那里感受到了印象，而且留下了对它的印象……糊墙的花纸都比这片海漂亮。"

雷诺阿奇怪地发现，好几份报纸都使用了一个奇怪的称呼"印象主义"。雷诺阿不喜欢这个词，但是他觉得这个词还是很符合他画的风格的。他赶紧召集了他的朋友们，激动地对他们说："针对'印象'这个词，你们有什么看法呢？这个'印象'说得好！但要是以后都把我们称为'印象'，我可不喜欢！但是好像没有别的更好的称呼了。"左拉似乎想到了什么，他说："为何不叫作'自然主义'呢？你们不是很喜欢自然吗?"德加很生气地回应雷诺阿："我们在这次展览中取得的唯一收获就是得了顶'印象主义'的帽子，我很反感！凭什么给我们都贴上'印象'的标签？明明就只有莫奈用了印象。""我的朋友，你先消消气。我觉得这个名字比我们想到的都高明多了。虽然它听起来显得我们是个多么革新的画派，但是它能显示出我们共同的理想。没有其他更好的词能准确地概括我们的个性了。”

渐渐地，其他画家朋友们也接受了“印象”这个称呼，自己称自己为“印象派”画家了。

印象派就这样诞生了！雷诺阿成为印象派的一员。这群依据所见之景的格调来创作的画家们终于有了自己的名字——印象派。没想到，一个记者的嘲笑之词却道出了雷诺阿、莫奈等人的创作理念。没错，置身于枫丹白露森林、徜徉于塞纳河畔时，印象派画家们已然忘却了真正的实景，打破了眼前所见对他们的束缚，凭着瞬间的印象作画。他们把握住了一个个灵动的画面，手中的画笔疾飞，将颜色直接涂在画布上。何必拘泥于那些细枝末节呢？他们把眼光投射到了整幅画的总体效果上。表面上看，这些画外表草率，其实正是这种粗放的、不事雕琢的画法，增加了画的肌理和质感。印象派画家的作品永远都不会缺少的就是光线。雷诺阿在印象派中属于重视光与色彩一类的画家。由于追求外光和色彩的表现，他将身边的生活琐事和直接见闻作为题材，描绘现实中的人物和自然风景。在构图上截取客观物象的某个片断或场景来处理画面，打破了写生与创作的界限。他在长期的写生过程中发现，光线对色彩的影响很大：不同的天气，不同的季节，不同的时间，同样的景物会呈现出不同的色彩和不同的色调，他对空气中的色彩变化有了新的、科学的认识。阳光灿烂的时候，物体被阳光照射的部分受光源影响，会偏光源的色调，而背光的部分也并不是灰色的，而是有着丰富的色彩。雷诺阿把这些光的知识运用到了绘画中。

雷诺阿的画风迥异于其他的印象派画家，甚至有人说他不属于印象派，理由就是雷诺阿的画并不是那么“印象”。相对于其他印象派画家，他的画比较完整，用色很薄，很少有厚重的笔触。他喜欢在平滑的白画布上作画，并常用三分之一的亚麻仁油和三分之一的松节油调和铅白，在画布上另外刮上一层白色底子，这使得画布表面非常干净，非常平滑。雷诺阿几乎始终遵循着学院派的那套规定：“暗色要薄，亮色要厚”，几乎透明的颜料与间或出现的高光堆成的厚颜料形成对比。他说自己“喜欢把一幅画画得能引诱自己的手去爱抚它”。他首先用画笔在画布上大致挥舞几下，对各部分的布局有一个总的概念，然后用稀释过的油画色画得很透明，好像画水彩画一样，所得到的是一种模糊的、彩虹般的效果，各种色调融合在一起，以至在你还没有看出这幅画画的是什么时，就被它的色彩迷住

《两姐妹》

了。在第二次作画时，雷诺阿在调色油中另外加上了亚麻仁油，他严格遵循“开始要瘦，结束要肥”这条老规矩。这种柔和地融合在一起的笔触，被一些人很恰当地描述为看上去就像“有人用一根羽毛在油画色上轻轻刷了一下一样”。

雷诺阿与其他印象派画家还有一点不同，就是他作画始终使用黑色，而别的画家几乎是不用黑色的。他说：

“我们应该使用黑色，但应该和其他颜色混合使用，就像自然界的黑色那样。”印象派画家坚持在户外景写生，雷诺阿并没有把这一原则当成教条。雷诺阿的画有相当一部分是在室内完成的，即使是在户外画的写生，也要带回画室修改。雷诺阿作品颜色的微妙之处单看印刷品是无法领会的。他的画制作得非常精细，确实像他说的那样——让人忍不住想用手去爱抚它。

《包厢》初印象

印象派画家们在第一次画展中并没有取得他们想要的成功，画展闭幕之后，塞尚离开巴黎到了埃克斯，西斯莱回到了英国，毕沙罗回到了蓬图瓦兹。这些画家们的画已经卖不出去了，他们陷入了极端的困境。但是更难过的是雷诺阿，这对他来说不仅意味着物质上的匮乏，更是精神上的打击。

雷诺阿一直相信，通过展览，会让更多的人关注自己的画，了解自己的画，能懂得画中展现的艺术个性。可是，第一次印象派画展上雷诺阿所遭受的打击比其他任何画家都沉重。因为其他画家虽然得到的大部分是批评的言论，但毕竟得到了不同程度的关注。只有雷诺阿的画无人理睬。他的《包厢》《舞蹈者》等六幅画挂在展室里，被观众忽略了。他的画得不到赞赏，也得不到批评，他被当作无足轻重的人物了。对一个艺术家来说，最怕的不是被批评，而是被无视，这是最寂寞、最悲哀的。朋友聚会时，雷诺阿表面上不在意，其实心里难受极了。他失落地说："他们不理睬我，而不被人理睬是最叫人不安的。"一些平时经常往来的画商安慰他，说："一般的人不喜欢也不了解好画。懂得欣赏好画并且愿意花高价买下来的人很少，但这不是你灰心的理由。一切的成功和名誉都是最后才会得到的。只要坚持下来，到了得到赏识的时候，现在所承受的一切就算不得什么了。"听了朋友的安慰，雷诺阿自己慢慢地也想开了。雷诺阿是个积极向上的人，他虔诚地相信生活是充满阳光的。他常说："人生犹如一个软木塞子，应当让它任意漂荡，正如任意漂浮在小溪水面上的软木塞子那样。”“软木塞”理论支撑着雷诺阿坦然接受公众对他作品的不屑与嘲讽，一直陪伴着他走向成功。

看到雷诺阿的窘迫状况，一些画商决定帮助雷诺阿拍卖一些他的画。雷诺阿不愿一个人享受这样的待遇，他去说服莫奈、西斯莱一起参加拍卖会。马奈知道了这个消息后，特地写信给他的朋友——《费迦罗报》的著名评论家阿尔伯·沃尔夫，请求他帮忙宣传此次拍卖。拍卖会当天来了不少人，雷诺阿的画被一幅一幅地按顺序搬上来，请来的公证人三锤定音，艰难地卖出去几幅画。轮到那幅《包厢》的时候，场下一片嘘声。雷诺阿的心“砰砰”地跳着，他不明白人们为什么这样看待这幅画。他听到了一些人的议论。“画得这么丑！他到底是从哪里弄来的模特？”“那画上的女人像一个球一样！一点儿美感也没有。”

雷诺阿并没有反驳他们，他可以理解别人对他的画的误解。当初画《包厢》的时候，自己是灵感涌上心头，才想要画这样的一幅画。那时候为了参加画展，雷诺阿琢磨着要画几幅得意的作品。看着哥哥愁眉不展，弟弟爱德蒙决定请哥哥雷诺阿到剧院去看歌剧表演，雷诺阿欣然前往。剧院是一座优美的意大利建筑，整个剧院由一个个包厢组成，那些包厢是除正对舞台一边外其他各边都有隔墙围着

《包厢》　1874 年

的、设有座位的隔间，就像是一个珠宝匣，里面装着不同的人。人们去那儿不仅仅为了看一场戏，还为了互相见见面。包厢配有适合贵妇的小巧玲珑的小客厅，而实际上包厢本身就是客厅的延伸。人们可以在这里抽烟、喝茶、聊天。一旦台上的演员表演得特别精彩时，人们就变得鸦雀无声，虔诚地倾听，偶尔会爆发出一阵阵的欢笑声和掌声。经过其他包厢的时候，雷诺阿听到了里面的欢声笑语。可能是长时间没有来剧院的原因，雷诺阿觉得这里的一切都很新鲜。弟弟爱德蒙把雷诺阿引到了一个小包厢，里面已经坐了弟弟的一个朋友——演员妮妮。妮妮穿得很鲜亮，身上的黑条纹衣服非常醒目，粗阔的黑条与白色相间的浅色，使得她光彩照人。弟弟向哥哥介绍了他的朋友。原来妮妮是一位歌剧演员，也是一个绘画爱好者。听说雷诺阿是画家，很想见一见他。雷诺阿也很喜欢这个谈吐自然、略带羞涩的演员。妮妮靠着包厢的护栏，看着舞台上缓缓拉开的帷幕。弟弟爱德蒙坐在妮妮身后，拿着他的望远镜看着不远处的舞台，开玩笑地说："哥哥，暂时忘掉你的那些烦恼吧。等一下你就可以用这个东西看看舞台上那些你喜爱的女人了。"弟弟的玩笑话惹得妮妮和雷诺阿开怀大笑。

那晚雷诺阿很开心，剧院的气氛轻松愉悦，令雷诺阿暂时忘掉了烦恼。他觉得应该把这些快乐记录下来。雷诺阿已经很长时间没有在室内作画了，他需要精心地构思才能下笔。那么应该怎么画呢？在雷诺阿的记忆中，包厢是个温馨的地方，里面随处可见盛装打扮的女人。雷诺阿的脑海里突然涌现出了妮妮那天晚上略带羞涩的笑脸和她在舞台上畅然自如的表现。剧院里的嘈杂和妮妮的恬静形成了鲜明的对比，她给剧院带来了一丝平静的风。想到这里，雷诺阿心里已经知道他要画什么了。这次他画得比平常要慢很多，光是素描草稿就画了很多遍。每次都觉得画面上少了一点东西，但又想不出来。那天弟弟爱德蒙来看雷诺阿，就在弟弟刚进门的那一刻，雷诺阿一拍脑门儿，恍然大悟，他终于知道画面上少了什么。原来就是弟弟那副开玩笑的样子。于是，雷诺阿重新设计了他的画。雷诺阿只画了妮妮和弟弟两个人物，省略了不必要的背景。虽然画面上要加上弟弟，但是他要突出的还是妮妮的形象。他觉得妮妮的皮肤很符合自己的审美标准，具有一种润泽而弹性的美。他选取了三个他不经常使用的颜色组合：玫瑰、黑、白。他以细小的笔触勾勒出那天晚上妮妮穿着的黑条纹长裙，使得衣服的黑与肤色的白形成黑白相间的效果，产生了一种丰富、浑厚的层次，画面顿时增加了强烈的视觉美感。雷诺阿特地使得妮妮黑色的眼睛和玫红的嘴唇形成对比，这让她更加楚楚动人。

正当雷诺阿陷入静静的回想的时候，拍卖会场上爆发出了一阵热烈的掌声、口哨声。雷诺阿这才从回忆里走出来。马奈拍了拍雷诺阿的肩膀，说：“嘿！老兄。你的《包厢》卖出去了。以前看到你和莫奈在一起画画，我还一直认为你根本没有绘画的才能，甚至让莫奈劝你别画画了。没想到，你竟然这么出色。加油吧！”

买画的人原来是画商马丹，他是接受了朋友肖凯的建议才来到拍卖会的。他第一次看到《包厢》是在印象派第一次展览会的展室里，那时他就对这幅画上的妮妮很着迷。他了解到雷诺阿的窘迫，原以为可以轻轻松松地用 300 法郎的价格买下这幅画。没想到起价就是 400 法郎，最终马丹满腹牢骚地用 425 法郎买下了《包厢》。拍卖会结束后，记者围着马丹，问他为什么会以这样高的价格买下了这幅众人鄙夷的画。马丹做了几年的画商，可以说是看画的行家。他故作镇定，面色不改地回答道：“我不看好雷诺阿，但我看好他的画。他是个懂得如何画女人的人。在他的画笔下诞生的女人，没有人能抵挡得住。”

得知《包厢》卖出去的消息，弟弟爱德蒙专门为哥哥写了一篇新闻报道。他冒险为哥哥呐喊，他写道："雷诺阿是一个印象主义者，他是一个可爱的、极具信心的年轻人。他在表现女性面容时善用高调手法，用重色突出其双眼，其余则用肉色浅淡描绘，表现了妮妮那圆润的形象及那似乎带点儿轻佻的活泼的性格。另外，雷诺阿还别出心裁、恰到好处地运用黑色这个颜色。那是经过一番努力创作出的艺术品。我们应该肯定他。"因为报纸的宣传，雷诺阿得到了一些关注。当他到平时常来的小酒馆去喝酒时，老板或者一些顾客都热情地称他为"包厢画家"。

从1874年的《包厢》开始，雷诺阿开始了具有自己独特风格的创作，此画以直率的绘画形象出现在第一届印象派的画展上。这幅画美妙的色彩，出色的技巧，别出心裁的构图处理，使少女优雅如花的姿容夺框而出。这是根据剧院所得的印象在画室中创作的，无疑是雷诺阿在这一时期具有代表性的杰作。画面上那华丽、高雅的美感，少女脸上白皙的肤色，以及纤细的描绘，依稀可以使人联想到瓷画的雅致！玫瑰色调中，借黑色的巧妙运用把少女像花朵般烘托出来。这是19世纪下半期开始的近代绘画的新特点，一反四百多年来欧洲绘画焦点透视的传统，在不求景深的二度空间里通过构图、色彩与塑造把主体直接推向观众。袍裙上那变化起伏的条纹巧妙地塑造了人物的形体。交织的黑色大条纹从少女胸前向下流泻，色彩的安排达到欢愉悦目的谐调，背景中那男子观剧用的望远镜遮住了脸部的一半，暖褚的肤色和衣服前襟上的黑貂皮衬托着少女粉红色的面颊和发髻上的花。另外胸前的串串项饰、手上的镯子、望远镜及包厢边上那衬垫的长毛绒和背景里垂帘的花饰，所有一切都表现得那么华丽、安逸、欢愉而轻松，似乎把色彩中的精华转化为人物的实体了。还有那从右下向左上一再重复的短斜线，形成画面上的最大动态，巧妙地使观赏者的视线不由自主地停留在少女美丽的容颜上。从两颊微妙地过渡到额、鼻梁，颔的象牙色细腻而滋润。淡灰色的双眸贯注着前方，加上未启的朱唇，这些细腻明朗的色彩处理都非常接近瓷画上的釉彩。眉目、鼻翼、朱唇及嘴角表情的刻画颇为工细。这种工艺性与古典传统技艺的糅合并辅以近代绘画的流畅笔致与色彩对比，完美地表现了少女在包厢时喜悦又宁静的表情。《包厢》的整个画面，只以玫瑰、黑、白、黄等不多的颜色组成，只在局部施以丹红。雷诺阿把“黑”这个颜色发挥到了极致。画面中黑色同白色形成了强烈的对比，把玫瑰色调烘托得如此艳丽诱人。“黑色”在印象主义光学理论里是被否定的。雷诺阿却把它比作颜色中的女皇、色彩中的瑰宝，他说：“学院派的错误在于只看到物体的黑色！大自然反对纯粹的黑色……而黑色又是一种美丽重要的色彩。”雷诺阿用黑色把色彩的活动提到最高的强度并使之个性化，使画面上的色彩显得更加艳丽、华美、明快。

《包厢》给雷诺阿带来的关注并没能改变他经济上的困难。但生活的困苦没有消磨了雷诺阿对美的追求。《包厢》中妮妮的形象体现了他执着的对女性美的热爱。妮妮的特点也是雷诺阿笔下所有女性的特点。这幅作品完全符合雷诺阿把人体美作为他表现的重点的理念。创作的时候，任何芜杂都会退到一边，他沉醉于描绘女性人体润泽而富有弹性的美，沉醉于表现生活的欢乐气氛。

三次画展的波折

第一次印象派画展，雷诺阿的画遭到了忽视，没有什么比被忽视更让他难受的了。但是一时的挫折并没有打击雷诺阿的创作积极性。1875 年，雷诺阿凭借他的肖像画获得一些收入，勉强维持生存。苦难总是伴随着成功的希望，成功已经离雷诺阿不远了。他在绘画上更加自如，造诣更精进了，他的画受到了更多人的关注。

雷诺阿是画家，他的成功离不开那些一直以来支持他的画商们。最主要的三位画商就是杜朗・吕厄、维多・肖凯和乔治・夏庞蒂埃。杜朗・吕厄是印象派画家忠实的赞助商，他凭借自己的经济实力，经常帮助那些贫困潦倒的画家。他在印象派画家们快要绝望的时候给了他们希望。1874 年的时候，杜朗・吕厄自己也遭遇了经济困难，尽管

《第一次出门》

约 1875—1876 年

现藏于英国国家美术馆

《阳光下的裸妇》　1875 年

现藏于巴黎奥赛美术馆

无法帮助他们了，他还是积极地为他们联系其他画商，并写信安慰他们。

肖凯也是一个具有真正收藏家精神的人。肖凯最喜爱的画家是德拉克洛瓦，他曾经去求德拉克洛瓦为自己的妻子画一幅肖像画，但是遭到了德勒克洛瓦的拒绝。沮丧的肖凯经过一个画廊的时候，看到了雷诺阿的一幅画，他在雷诺阿的画里看到了德拉克洛瓦的特质，顿时一阵狂喜。他想方设法找到了雷诺阿，请他到家里为他的妻子画了一幅肖像画。雷诺阿按照肖凯的要求，使用了德拉克洛瓦的绘画特点，让肖凯夫人摆出一个德拉克洛瓦的画里最常见的姿势。肖凯很喜欢雷诺阿的画，他们因此成为好朋友。从此，肖凯就对雷诺阿格外地关注，在别人都对雷诺阿不屑一顾的时候，肖凯站出来为他辩解。雷诺阿还把肖凯引见给了好朋友塞尚，帮助肖凯成功购买了一幅塞尚的画。1876 年初，塞尚和肖凯到莫奈家里做客，肖凯因此结识了莫奈。在与雷诺阿、塞尚、莫奈等人的接触中，肖凯感受到了印象派画作独特的艺术魅力，他决定义无反顾地帮助这些印象派画家。

夏庞蒂埃先生是一位出版商，他的身份高贵，是巴黎上层社会的名流。他的夫人热衷于沙龙展，自己就经常举办沙龙展。夫妻二人经常帮助雷诺阿，雷诺阿通过他们的引见，认识了不少政界、商界的名人，他的生活状况因此得到一些改善，知名度也大大提高了。

经过一年的调整，在杜朗・吕厄、肖凯等画商持续不断的帮助下，雷诺阿加入了印象派的第二次画展。1876 年 4 月，雷诺阿、莫奈、西斯莱、毕沙罗等 20 位画家决定在杜朗・吕厄的画廊里举办第二次印象派画展。因为有了第一次举办画展的经验，这次画展的筹备工作很顺利。雷诺阿的弟弟爱德蒙帮助他们在报社、杂志上发表文章。因为受到第一次画展的打击，一些画家不再愿意自己的作品参加展出，只有雷诺阿、莫奈、贝特・莫里索等 20 位画家坚持参展。他们一共展出了 252 幅画，包括油画、水彩画、色粉笔画、素描和版画。雷诺阿这次拿出了 15 幅油画，其中六幅是肖凯的肖像画。

宣传似乎没有达到效果，参观的人很少。一些过路人被画廊门口飘摇的旗子吸引，不禁走进画廊里看看是怎么回事。那些习惯了传统风格的观众们仍旧无法接受印象派画家的艺术个性，他们显然被眼前的作品惊呆了。“怎么是这样粗制滥造的东西呢?”“我觉得这简直是一群疯子的作品。”人们在议论着，发出和第一次画展一模一样的嘲讽。当他们看到雷诺阿的《阳光下的裸妇》时，人群中爆发出一阵大笑，一个人笑着说："这个女人就像是一团肉！那身上的斑点简直像是尸斑。"但是马上有人出来反驳这句话："你肯定没见过真正的女人，真正的女人不就是这样吗？阳光透过树叶的缝隙照在身上不都是有斑点的吗？"两个人争执着，互不相让。雷诺阿看到了这一幕，他上前阻止了他们的争论，笑着告诉他们："你们两个人说的都对。其实这是观察角度不同造成的。"

原来雷诺阿在画这幅画的时候，他关心的不是形的问题，而是在特定时刻和特定环境中，阳光照在女人身体上时会具有什么样的色彩效果。为此，他仔细地观察了模特身上的皮肤，他惊奇地发现了一个前人忽略的现象：在阳光照射的女人身体上，由于受到周围环境的影响，那一般从习惯上总是认为粉白的肉体，实际上呈现出千变万化的色彩，有的地方是冷色调，有的地方是暖色调。他忽然明白，只有捕捉到种种丰富的色彩组合，才是捕捉到了现实中真实的瞬间景象。于是，他抛弃了传统的固有色的观念，给阳光下的裸体画上了淡红色的皮肤。画中的裸女是19岁的姑娘安娜，因为雷诺阿轻快的笔触，使她显示出了无限生动的真实感。雷诺阿从真实的角度出发，这似乎有点违背了印象主义的理念，一些评论家看到了这点，在报纸上犀利地写道："印象派团体有人叛变了……"但其实他在使用颜色的时候，是遵循了印象派的光影理论的。

这次画展，雷诺阿明显得到了人们的关注，更多的画商甚至官方的人已经注意到了他的绘画天赋。他们鼓动雷诺阿离开印象派阵营，回到官方沙龙展。但是雷诺阿有他自己的艺术信仰，前几年在官方沙龙展受到的不公正待遇让他坚决地拒绝了官方的"好意"。他热爱这个能让他挥洒自如的舞台，在这里他能按照自己的想法来进行创作，他选择继续留在印象主义团体里。

1877 年 4 月初，第三次印象派画展举行的时候，雷诺阿从郊区赶回来参加画展。他还邀请了他的朋友弗朗克·拉米和科尔第加入。上次参展的一些画家退出了，新的画家又加入进来。身为印象派的得力主将，雷诺阿和莫奈、毕沙罗、开依波特一同组成委员会，负责此次展览的主要事宜。这次画展一共展出了 18 位画家的 230 余件作品。雷诺阿一共展出了 21 幅画，其中 11 幅是他自己的作品。另外，雷诺阿还向其他画家朋友借来了十幅画，帮助他们把画放在画展上展出。

《提水壶的女孩》

展览开幕那天，来参观的人比第二次画展多了很多，公众的嘲讽少了一些。参观的人大多默默地看着展室里的画而不发表议论。但是那些报纸杂志仍旧重复着他们的攻击和戏谑。那天肖凯也来到了展室，他错过了前面两次的画展，这次他无论如何也要来看看。他细细地欣赏着每一幅画，待了整整一天。他一边看，一边向其他观众解说自己对这些画的理解，试图让那些顽固不化的观众重新审视自己的审美，爱上这些画。当看到了雷诺阿的画时，他太激动了，抓着一个观众的手，拉着他说："你看那幅《荡秋千》里的女子，她那娇羞的神态多么令人着迷！你再看看那幅《煎饼磨坊的舞会》，那样的生活多么喜悦呀！"那个观众被肖凯激动的表现震惊了。

第三次画展结束后，雷诺阿获得了更多的关注，他的《荡秋千》和《煎饼磨坊的舞会》得到了公众的好评。

雷诺阿自己也没有想到，《煎饼磨坊的舞会》会获得公众的好评。这幅画画的是巴黎一个热闹而欢快的露天咖啡馆。画面上有诗人、音乐家、画家、作家、记者以及绅士淑女，他们有的饮酒畅谈，有的翩翩起舞。树荫下空间里人物的形态与色彩都服从于" 生之欢乐"的节奏。这是庆贺青春的画幅。妇女们都婀娜多姿、明艳漂亮，男子们

《荡秋千》　1876 年　现藏于巴黎奥赛博物馆

《煎饼磨坊的舞会》　1876 年　现藏于巴黎奥赛博物馆

服饰华美、风度翩翩，整个咖啡馆充满着欢快和青春的笑语，喜悦与幸福弥漫在光、色的交辉中。

第二次印象派画展结束后，雷诺阿和朋友去蒙马特尔高地住了几天。初来乍到的雷诺阿被这里欢快的生活所吸引。白天闲来无事的时候，雷诺阿和朋友一起到旅馆附近的咖啡馆喝咖啡。咖啡馆门口是一片空旷的场地，这里是一个露天的舞场，无论何时都有人在跳舞。雷诺阿站在咖啡馆的台阶上，看到了熙熙攘攘的人群，大家有的踏着欢快的舞步，有的簇拥在一起谈天说地，爆发出阵阵欢笑声。咖啡馆的老板告诉雷诺阿："外面这些跳舞的人，大多和你一样，也是从巴黎来的。他们每个星期都会来这里消遣娱乐。别提有多热闹了。"雷诺阿想：原来生活可以这么欢乐，自己一直以来都忽略了对这些喜悦的描绘。看着舞场中央笑意盈盈的女郎和先生，雷诺阿突然涌出一种画画的冲动。他找来了一张椅子，坐在台阶上，摊开他的画具，对着这片欢乐的舞场画起来。几位好奇的女士跑到台阶上，她们想看看这位从巴黎来的画家会画出什么样的画。

既然是要表现人物喜悦的神态，那就应该画得甜美一些。雷诺阿想起了年轻时在瓷器厂画人物画时的技巧。他决定用一种棉絮般的风格表现流溢光线中的人物，而他所选取的角度正好可以从上向下俯视取景。连续几天，雷诺阿都会到咖啡馆门口继续他的创作。每天，他把未完成的画搬回旅馆，第二天再继续搬出来画。因为那幅画有点小，显得整个画面很拥挤，于是，他按照画好的小幅的画又画了一幅大的。雷诺阿根据这条街的名字，给它取名为《煎饼磨坊的舞会》。当他把画搬出来的时候，一大群人围着它观看，试图在上面找到自己。咖啡馆的老板也去看了那幅画，他突然很疑惑地问雷诺阿："为什么画面上要出现这么多人物呢？这样可不是很科学呢。"雷诺阿点了点头，他微眯着眼睛，喝了一口咖啡，说："画是要给人看的。画画并非科学地分析光线，也并非巧妙地安排布局。只要能画出我想要的感觉，带给观众快乐，就足够了。"

《煎饼磨坊的舞会》是雷诺阿成功运用光和色彩的典范，表现出了雷诺阿日臻完善的绘画技艺。1877 年，当时与雷诺阿一同前去蒙马特尔的朋友雷渥在画廊里再次看到这幅巨作后，激动地写下了这样的评论："这是一页历史，它忠实而确切地记录了巴黎人的生活。以前没有人想到把每天发生的事画在画布上，他的大胆尝试应当成功。"

这确实是一次成功的绘画。这幅画表面上看是描写巴黎一个著名的露天咖啡馆兼舞场热闹和欢快的气氛，实际上真正的主题是透过树叶间隙照射下来的阳光。这阳光照射在人们的脸上、衣服上、桌椅和地面上等引起的丰富的光色变化，充分表现了雷诺阿对现实生活中光与色变化的高度敏感。这幅作品描绘了众多的人物，给人拥挤的感觉，人头攒动，色斑跳跃，热闹非凡，给人以愉快欢乐的强烈印象。画面以蓝紫为主色调，使人物由近及远，产生一种多层次的节奏感。雷诺阿把主要精力放在对近景中一组人物的描绘上，生动地表现出人物脸上的光色效果及光影造成的迷离感，渲染了舞会的气氛。就总体看，他保留着印象派对外光与色斑的留恋，使画面的总体色调、气氛有一种颤动、闪烁的强烈效果。

雷诺阿此时已经渐渐地有了名气，他拜访了伦敦一位收藏家。这位英国人自豪地把雷诺阿引进一间小客厅，客厅里一束特殊的光线照耀在卢梭的一幅苍翠秀润的画上。主人说："您现在看到了我的藏画中的精品了吧，卢梭的这幅画鲜为人知。"雷诺阿看了一眼这幅画，他就认出这幅画是他青年时代画的。然而画的署名已经被人篡改了。他不愿意让收藏家扫兴，于是对收藏家说："我对这幅画相当熟悉。"

事后他和朋友谈到此事，朋友问他为什么不直接告诉那个收藏家那是自己的画。雷诺阿笑着说："这样会让他闹出病来的！真品与赝品两者必居其一，他们买画做投机生意，遇到这种情况应该自认倒霉，但如果他们是因为爱画才买画的，那我为什么要让他们疑心呢?"

官方沙龙展的成功

雷诺阿没有想到，他还会在官方沙龙展上取得更大的成功。而他的成功会对其他印象派画家产生巨大的影响。这次官方沙龙展的成功，还是雷诺阿绘画道路的转折。

1879 年，经历了三次画展，雷诺阿的知名度已经明显提高了，但是画商们对他的画出价还是很低。他想找朋友们商量解决的办法，可是莫奈搬到了阿让特依。莫奈写信向雷诺阿诉苦："我已经完全绝望了，刚卖出去的一幅画，得到的钱还不够买颜料。现在我已经没有颜料了，我无法工作。"收到信后，雷诺阿想马上去给莫奈寄一笔钱。可是当他看着自己空荡荡的家，才想起家里现在也很缺钱，家人已经为食物而发愁了。怎么办呢？家里又没有什么特别值钱的东西可以卖。唯一的希望就在那几幅画上了。如果能把画卖出去，或许能筹到钱，就能帮助莫奈了。卖画可不是一件简单的事，好几天过去了都毫无回应。雷诺阿的画商朋友建议他说："实在不行你就把画送到官方沙龙展上，一旦入选，你就可以把画卖出去了。现在印象派虽然已经有了一定名气，可是仍处于边缘地位，只有参加沙龙展才是你获得认可的途径。"雷诺阿没有办法，为了解决自己的经济问题和帮助莫奈，他只好把自己的作品送到官方沙龙展。

正当雷诺阿焦急地等待着沙龙展的入选结果时，他听说其他印象派画家正在筹办第四次印象派画展。雷诺阿陷入了矛盾中。他在想：自己要不要去参加第四次画展呢？这时，官方沙龙展的人找到雷诺阿，对他说："我们向你表示祝贺！你选送的画《夏庞蒂埃夫人和她的孩子们》入选了沙龙展。"这对雷诺阿来说确实是一个振奋人心的消息。这意味着他的画不再像以前那样被摆在角落里，而是挂在显眼的位置，会得到很多好评。去参观沙龙展的人都惊叹于这幅画构图的完美，评论家加斯达利亚评论道："观

《夏庞蒂埃夫人和她的孩子们》 1878 年
现藏于美国纽约大都会艺术博物馆

察正确，描写自然有生气。画家有优秀的艺术品质，将来一定会成功。”这回，雷诺阿成为官方沙龙展的红人，他的画以高价卖出，他获得了一笔数目不小的收入。他终于可以拿着钱去帮助莫奈了。

因为一直忙着沙龙展的事，无暇顾及印象派画展。他也不知道画展到底筹办得怎么样了。印象派画展的筹办委员毕沙罗得知雷诺阿入选沙龙展的消息后十分震惊。而其他画家也听说了雷诺阿在沙龙展上的成功，大家都议论纷纷。印象派画家中出现了意见相左的两派，他们争论着是否要在举办画展的同时参加官方沙龙展。有人还提出放弃举办画展的建议。因此，毕沙罗赶紧召开会议商谈画展的事。他在会议上说：“雷诺阿在这次沙龙展上确实获得了极大的成功，但这只是他个人的成功，我相信他已经吃得开了，那样就好多了，贫困是如此地令人难以忍受，而我们集体的成功还是要靠我们的画展。”“雷诺阿都去参加沙龙展了，那我们还要继续办画展吗？”一个画家问毕沙罗。“当然还要举办！雷诺阿没有离开我们，他只是去参加了沙龙展，这也是一种尝试，他在试图取得印象派与沙龙展的平衡。”毕沙罗坚定地回答。

莫奈也听说了雷诺阿的事，他写信问雷诺阿：“我的朋友，我完全理解你的难处，我能理解你这样做的目的。我又何尝不想和你一样凭借沙龙展让生活过得更好呢？可是我是这个团体的核心啊，如果我那样做，这个团体就散了。况且我的理想只有在这里能实现，沙龙展会把我扼杀的……”雷诺阿看了莫奈这封感人的信，一时不知道该如何回复他。雷诺阿承认，他把画交给沙龙展，纯粹是商业性的行为。

后来，第四次印象派画展在毕沙罗、莫奈等人的坚持推动下成功举办。而雷诺阿由于在官方沙龙展上引起了巨大的争议，最终没有参加这次画展。印象派一共举办了八次画展，后面的五次他都没有参加。

这段时间的印象派之路，让雷诺阿隐约感觉到印象派的局限性。他渐渐觉得印象主义已经不再是自己当初追求的艺术理想了。雷诺阿在给好朋友沃拉尔的信中表达了对印象主义的看法：“在我的作品中似乎形成了某种断裂。我已走到了印象主义的尽头，最后发现我不知道该如何作画，也不知道该如何描绘。简单来说，我已经进入了死胡同。”

第6章：古典主义的尝试

与阿里娜的和睦婚姻

从1879年开始，雷诺阿不再参加印象派的画展了。他觉得自己已经走到了印象主义的尽头，陷入了“创作危机”。他试图慢慢褪去印象主义的外衣，回归古典和传统。可是他的内心终归是对印象主义风格念念不忘。后来他画的那些儿童、女人、花朵，不管是在题材上还是在色彩使用上，无一不带有印象主义的烙印。内心充满矛盾的雷诺阿不知道该如何平复起伏的思绪。无法排遣的他离开巴黎市区，到蒙马特尔区和诺曼底海边度假。在蒙马特尔区，他邂逅了美丽的乡村女孩阿里娜·夏丽戈。

雷诺阿和阿里娜第一次见面是在蒙马特尔区的一个小酒馆里。雷诺阿在那里的一个小村子里租了一个小房子独自居住。每天，他一个人去村子里写生；晚上，他到一家小酒馆里吃一点简单的晚餐。一天晚上，他在小酒馆里喝酒，一个年轻的女服务员在上菜时不小心把水洒到了雷诺阿的一幅画上。因为那幅画还没有干，看得出来是刚完成的。那姑娘连连道歉，她觉得自己毁掉了一个画家的作品，心里非常内疚。她一边道歉，一边掏出手帕小心翼翼地擦拭着画布上的水，可是已经来不及了，画没有办法恢复了。雷诺阿看着姑娘慌乱的样子，放下自己的酒杯，不紧不慢地说："没关系，你别擦了。你也不用道歉，本来这幅画就没什么价值，是该扔掉的。"说完，雷诺阿又端起酒杯，继续喝酒。姑娘很诧异，她不明白为什么眼前的这位画家这么不爱惜自己的画。她把桌子收拾干净后，就到别桌去收拾了。

第二天，阳光很好。睡了一觉的雷诺阿觉得心情不错，他想到村子里走走。他走到了一个葡萄园。眼下正是夏末秋初，正值葡萄成熟的季节。雷诺阿看着这满园子绿的、紫的葡萄，不禁想起了在普法战争时期遇到的葡萄园。他隐约听到园子里有人在唱歌，他循着声音慢慢地走到葡萄园里去。

“嘿！您好，先生！昨晚弄湿了您的画真的对不起。”一个正在摘葡萄的姑娘向他挥了挥手。

雷诺阿停下来一看，原来是昨晚小酒馆里的女服务员。雷诺阿也点了点头，说：“您好！很高兴在这里遇到您。没关系，您不必担心。”

“我可以冒昧地问您一个问题吗？先生！”那姑娘递给雷诺阿一串葡萄，示意他尝尝。

雷诺阿拿了一颗放进嘴里，甜丝丝的味道一直涌到心里。“您问吧。”雷诺阿说。

“您为什么说您不想要那幅画了呢？我觉得画得挺好的。都怪我毁掉了它，真是可惜。”姑娘擦干净手，解下围裙，等着雷诺阿回答她。

“我也不知道我处于什么样的境地！我只知道自己在往下沉！我怀疑自己。我仍然苦于实验。我不满意，我刮掉重画，一再地刮掉。我盼望这种狂热有一个止境……我像是在学校里的孩子们。洁白的纸上应该好好画的，可是‘砰’的一声——一个墨渍。我仍然在涂抹阶段——可是我已经四十岁了。”面对着眼前这个善良纯朴的农村姑娘，雷诺阿感到一阵阵的温暖，已经很久没有人这么关心他了。他的一些朋友误解他，认为他参加沙龙展就是叛变。雷诺阿将心里的苦恼一一告诉了面前的姑娘。他很痛苦，抱着头蹲在地上。

姑娘听了雷诺阿的话，也蹲了下来，轻声对他说："先生，其实问题很简单。或许我是一个乡下人，看问题肤浅，但是道理就是这么简单啊。先生您天生就是画画的，因此您必须要画下去。不管画得好还是画得坏，不管成功还是失败，您手中的画笔不能放下。您看这一小枝葡萄藤，春天的时候，我差点儿就把它剪掉了，可是我留下了它。等到现在，您看它结了多少串葡萄呀。还有什么比荒废一枝葡萄藤更令人痛心的呢？如果剪掉了，需要用多少汗水才能把它重新培育起来啊！所以，您用不着矛盾，您只要继续画，继续做您喜欢的事就好了。"

姑娘的一席话，让痛苦的雷诺阿心情好了很多。告别的时候，他们两人差点忘了自我介绍。"我叫阿里娜·夏丽戈。您呢?""您叫我雷诺阿好了，我的朋友都这么叫我。""雷诺阿？好的，我记住了，雷诺阿。"从此，雷诺阿认识了阿里娜。这个直爽善良的姑娘给雷诺阿留下了深刻的印象。

《船上的午宴》 1880—1881年 布油画

《夏托的划船手》 1879年 现藏于华盛顿国立美术馆

当幸福来敲门的时候，雷诺阿还没有意识到这就是幸福。他们认识了之后，阿里娜经常带着雷诺阿到村子里风景最美的地方写生。在画《船上的午宴》和《夏托的划船手》时，阿里娜给他当模特，她穿着漂亮的荷叶边长裙，带着白色的帽子，风情万种。雷诺阿看到阿里娜的样子，常常放下调色板不画了，只是出神地看着她。时间久了，雷诺阿喜欢上了阿里娜爽朗的个性和纯朴善良的性格，阿里娜也很喜欢雷诺阿艺术家的气质和安静的样子。两个人相互许下了婚约，并告知父母。雷诺阿的父母本身也是乡下人，他们很喜欢这个乡下来的儿媳。看到雷诺阿事业成功，阿里娜的母亲也同意了他们的婚事。

阿里娜是个传统的乡下女孩儿，结婚前，她对雷诺阿说："我很愿意嫁给你。我想在婚后生个孩子。"雷诺阿听了阿里娜的话，想到莫奈曾经告诉过他孩子一旦生下来，便有没完没了的事情要处理。婴儿的啼哭声、需要洗晒尿布等麻烦的事务会缠绕着自己，使自己没有办法静下心来画画。于是，他把心里的想法告诉了阿里娜，阿里娜对雷诺阿的想法很生气。看到雷诺阿态度坚决的样子，一气之下，阿里娜决定取消婚约。

雷诺阿再次陷入了痛苦之中，他很想和阿里娜结婚，可是他又害怕婚后的琐碎生活影响了他的绘画。他开始到处去旅行，试图忘掉阿里娜，他到阿尔及利亚、马德里博物馆、威尼斯博物馆等去参观那些名画。当他创作《阿尔及利亚幻想曲》时，他的脑子里总是浮现出阿里娜的样子，走得越远，他越想念阿里娜。他发现如果没有阿里娜，他的世界就不完整。他鼓起勇气，给阿里娜写信，为上次的事道歉，请求阿里娜原谅。他在信中写道："亲爱的阿里娜，我向你道歉，我想通了。既然是夫妻，那么我们就一定要有孩子的。我现在很喜欢孩子了。你放心，我会照顾好你的……"殊不知此时的阿里娜也和雷诺阿一样，正处在无边的思念和痛苦中。雷诺阿离开后，她顿时感到生活没有了乐趣，天天想念他。母亲劝阿里娜放弃雷诺阿，嫁给村里的有钱人。阿里娜对母亲说："我什么也不懂，可是看他画画我就高兴。我喜欢和他在一起。"

阿里娜接到雷诺阿的信后，一路狂奔到了车站去迎接雷诺阿的归来。雷诺阿回来后，他们就举办了婚礼。他和阿里娜开始了长达 34 年的婚姻生活，直到妻子阿里娜去世。

婚后，雷诺阿为了更好地作画，打算带着妻子到家乡利摩日去住一段日子。因为乡下的生活简单朴素，而且乡下的生活不用花很多钱，这样雷诺阿就可以毫无干扰地进行创作，不必为了生计奔波。但是岳母不同意女儿跟着雷诺阿回到乡下去，她坚持要他们留在巴黎。没有办法，雷诺阿只好留下来，和妻子、岳母一起住在巴黎圣乔治街的画室里。

定居下来后，岳母主动要求掌管所有家务，这点让雷诺阿很吃惊。他和妻子商量，不想让岳母太劳累，可是岳母坚持己见，而妻子阿里娜不熟悉做饭，所以，就同意了岳母的要求。岳母夏丽戈太太是做菜的行家，她做的饭总是让雷诺阿吃得津津有味。开始的时候，一家三口的生活很美满，一切都很顺利。可是过了一段时间，岳母暴躁的性格就给这个家添了很多麻烦。她时常埋怨雷诺阿不会赚钱，只能住在这么小的房子里，每天吃的食物几乎是一样的。面对着岳母的指责，雷诺阿没有说什么。他知道岳母是个心地善良的人，只是有时候脾气不好而已。为了妻子，也为了家庭和睦，雷诺阿从来没有和岳母起过争执。妻子阿里娜也看到了家庭出现的问题，她为了缓和母亲与雷诺阿的冲突，常常去买母亲最爱吃的糖炒栗子来孝敬母亲，顺便为雷诺阿说上几句好话。

在夫妻两人的共同努力下，家庭生活很和睦。雷诺阿很感激阿里娜为家庭的付出。有一次，雷诺阿的一幅画卖了一个很高的价格，雷诺阿决定带着妻子去意大利的西西里岛旅行。两个人在西西里岛过得很开心，可是正当他们要返回巴黎的前一天，雷诺阿的钱包丢了。无奈之下，雷诺阿只好给此时也在西西里岛的杜朗·吕厄写信，请求他借给他们回家的路费。在等待杜朗援助的那几天，身无分文的他们住在了阿格里根特郊区的农民家里。阿里娜天生性格开朗，她完全没有被这次的困难吓倒。她主动帮助农民干活儿，还教他们如何做裁缝。那个农民也为雷诺阿夫妇提供了很好的住宿和餐点。终于等到了杜朗的援助，雷诺阿夫妇亲手把一部分钱送到农民的手里。可是他们似乎很生气，坚决不要他们的钱。雷诺阿又不会说当地的语言，只能指手画脚地表示对他们的感激。可是那个农民还是不能理解他们的意思，情急之下，阿里娜取下自己随身佩戴的圣母像送给了农民的妻子。告别之后，雷诺阿夫妇就启程回巴黎了。

虽然旅行遇到了意外，但阿里娜很高兴，因为这是雷诺阿第一次带她出去旅行。身为一个画家的妻子，阿里娜深刻地明白雷诺阿对绘画的热爱。雷诺阿后来到过很多地方旅行、写生，她从来不阻拦，而是尽力照顾好家庭，让雷诺阿放心创作。思念丈夫的阿里娜会给雷诺阿写信，聊聊家长里短。

家里养的一只宠物狗病死了，阿里娜很伤心，她给雷诺阿写信。她在信中说：

亲爱的：

“奇奇”刚死了，它是抽搐了半个小时之后死去的。我心里很难受，我想我一定给它带来了什么不幸，我要把它做成标本。

拥抱你

阿里娜

还有一次，家里的屋顶漏雨了，阿里娜不知道如何修理，她给雷诺阿写信说：

亲爱的：

你画室屋顶上那个洞还没修好，工人本来礼拜一要来修的，他们参加婚礼去了，礼拜二是节日，今天又整天下雨，他们说要等到天晴，但我希望能在你回来之前把洞修好。我把你画的那床的草图给查理先生看过了，你一回来他就会做。他想同你谈谈他的看法，你知道，他是很固执的。我不知道他有何高见，你和他，你们会谈得通的。我不知道我手中的钱是否能维持到月底，因为还得买些画布。我们还没有足够的布做那个大窗户的帘子，是西边的那个吧，那边的阳光最强烈。查理先生还没理解为什么要在那里挂窗帘，你已讲过的吧？横梁一边挂印花窗帘，另一边是挂粗布的。我手中的钱刚好够买所缺的布料，我已找到一家零售布店，可是，要是把我手中这四十法郎花光，我担心没有足够的钱给你买画布了。如果你月底不能回家，请给我寄点钱来。

告诉我吧，可怜的人儿，你在迪埃普冷吗？我们在巴黎冷死了。你画得多吗？画像快画完了吗？一个月这么长！我们冬天的那次旅行在我看来比我刚过完的这半个月还短哩。

多给我写信，把你的健康状况告诉我吧。

拥抱你

阿里娜

礼拜三晚上

每次收到妻子的信，雷诺阿心里都很甜蜜。虽然相距很远，但是雷诺阿仍能感受到妻子的爱与关心。这不就是幸福的生活吗？雷诺阿一直认为妻子阿里娜是上帝给他的礼物。善良的阿里娜给了雷诺阿精神上的安慰，给他生了三个孩子，给了他一个幸福完整的家，这些幸福的生活反而成为雷诺阿创作的素材，完全不像莫奈描述的那样恐怖。从 1881 年到 1915 年，34 年的婚姻生活一直都是雷诺阿源源不断的创作源泉。晚年，雷诺阿和朋友谈到妻子时，他感慨地说："她给了我精神上的安慰，给了我孩子。还有，晚上有理由再也不必外出了。她使我去思考，她懂得如何在我的周围创造一种与我的忧虑相适应的活泼气氛。"

《金发浴女》 1881 年
以妻子阿里娜为模特。圆润光滑的女体，散发着珍珠般的光泽，充分地结合了光线与气氛的效果。

东方主义回响

1881 年初，那时候正是和阿里娜闹矛盾的时候，雷诺阿第一次去了阿尔及利亚。因为有当地的法国朋友陪伴，雷诺阿这次旅行过得很舒适，充满了法国情调。然而，旅行中当他想创作时却没有真正令他感兴趣的东西——女模特。雷诺阿在写给一个朋友的信中说："阿尔及利亚的女人是不易亲近的，我不懂她们含糊不清的话语，她们很不可靠……令人遗憾的是其中有些漂亮女人，但她们不愿摆姿势做我的模特。"在没有女性模特也无法获得任何可行替代物的环境下，雷诺阿冒险去了阿尔及尔旧城区等地去体验这个国度的文化。雷诺阿在旧城区里仔细地观察着每一个角落、每一个人，他努力尝试着真正了解他所处的这个国家。阿尔及利亚是个特别的非洲国家，酷热的天气酝酿了热情。这里的人们热爱唱歌和跳舞，城区里总是充满

《阿尔及利亚幻想曲》
雷诺阿　1881 年　现藏于巴黎奥赛美术馆

了节奏感快而强烈的音乐，总有一团人围着跳舞。他的法国朋友领着他四处游玩，他们看到了很多狂欢的场面。婚礼舞、骑士舞、鸽子舞等舞蹈形式让初到此地的雷诺阿大开眼界。

一天，雷诺阿在大街上走着，看到很多人拥向街头的小山坡，据说那里是当地人狂欢的主要场所，那里经常举办一些大型的舞会。雷诺阿也跟着到了那里，还未走近就感受到了浓浓的欢快的气氛。人们围成圈，兴高采烈地拍着手，看着舞场中央的舞蹈。舞场中央是当地有名的舞蹈团，他们正在表演。每个人脸上都洋溢着快乐的表情，仿佛已经忘掉了所有生活上的不愉快。此刻，他们踏着音乐的节奏，全身心地投入到了快乐中。雷诺阿被震撼了。为此，他创作了一幅画——《阿尔及利亚幻想曲》。这幅画描绘了雷诺阿亲眼见到的那场山坡上的舞会。画中数以百计形形色色的人们都注视着一个置于画面中央的传统舞蹈剧团。跳舞的人和下面挤作一团的旁观者都穿戴着传统的阿尔及利亚服饰——白长袍和红帽子，突出了阿尔及利亚的风俗习惯。然而，对画中挤作一团的人作进一步观察后，我们会发现那些身着传统阿尔及利亚服装的人群里还有着许多身穿黑色服装的欧洲人。这暗示了雷诺阿实际上是在描绘一个旅游景点，旅游景点里有很多欧洲游客。雷诺阿也感觉到了阿尔及利亚正在朝着欧洲的方向改变，这里的风土人情已经沾染了欧洲的风气。这幅画有着东方主义画家典型作品的影子。因此，这可以说是雷诺阿的东方主义绘画。

雷诺阿在阿尔及利亚的创作开始了一种连他自己也不知晓的东方主义画风。一些评论家从雷诺阿的画中探寻出法国画家在描绘东方场景时的心理。其中史蒂芬·吉根对法国绘画中的东方主义所作的描述最为精辟，他说："画中人物渺小，没有多少细节描绘，这揭示了矛盾心理，表现出各种不同情境、时期的态度。"吉根对东方主义画风的分析暗示了雷诺阿的这幅画中存在着法国的精英主义。雷诺阿似乎看不起这种自己仅从殖民背景角度了解的文化。但是这不能把责任全推到雷诺阿身上，画家的绘画描绘的是画家眼睛看到的东西，雷诺阿实际上除了画典型的阿尔及利亚场景外，他已别无选择，这些场景是他现成可得的、是他用双眼能触及的。

女人是他在阿尔及利亚从一开始就真正感兴趣的描绘对象，在阿尔及利亚，雷诺阿更关注当地女性。这里的女性与他在法国见到的不同，这让雷诺阿感到新鲜，又有点

《宫女》　1881 年

《阿尔及利亚少女》　1881 年

失落。雷诺阿习惯了法国女性的美，所以对这里东方的女性美很好奇。然而因为已在心里定下了对女性美的标准，所以对东方女性美的认同还需要一个过程。在认同的过程中，雷诺阿创作了好几幅阿尔及利亚女性肖像画，如《宫女》《阿尔及利亚少女》《阿尔及利亚女人》。

1882 年，雷诺阿第二次前往阿尔及利亚。与上次旅行相比，这次旅行中他对伊斯兰文化进行了更深入的探索。他参观了很多清真寺，他对清真寺的建筑物很感兴趣。阿尔及利亚的清真寺风格很多，有的简朴无华，有的结构严整、雄伟壮丽。雷诺阿创作了很多幅阿尔及利亚清真寺的画，例如：《阿尔及尔清真寺》。在《阿尔及尔清真寺》这幅画里，雷诺阿将身穿传统服装的阿尔及利亚人置于一个重要的象征伊斯兰教的建筑物——西迪·阿卜德·拉曼清真寺的阴影中。雷诺阿的笔墨着重点在于人，他在建筑的旁边加入了阿尔及尔的妇女，为了将注意力集中在人的身上，雷诺阿略去了清真寺的尖塔。清真寺最重要的部分就是它的尖塔，它是伊斯兰教持久不衰的象征。通过略去清真寺的尖塔，雷诺阿弱化了其重要性，同时将戴着阿拉伯方巾、沐浴在金色阳光下的妇女引入了这幅画。如果不略去这个清真寺的尖塔，雷诺阿就无法实现描绘这些女人的细节，无法实现画中人物同观众的接近。

雷诺阿在阿尔及利亚的作品经过几番波折，又回到了围绕着女性来创作的中心。雷诺阿在阿尔及利亚的后期作品展示了他两次拜访这个国家的成果。1882 年末，雷诺阿待在阿尔及利亚的最后时光里，在现场和画室创作了一系列阿尔及利亚女性肖像画。雷诺阿在阿尔及利亚找不到他理想的神秘女子做模特，那怎么办呢？雷诺阿只能将当地的女人理想化，将她们塑造成他心中美丽女性的样子。其中《坐着的阿尔及利亚女人》就是雷诺阿理想化创作的结晶。这幅画与 1870 年创作的《宫女》有很大区别，《宫女》曾让他幻想着异国情调的阿尔及利亚女子在自己的闺房里懒散地躺靠，而阿尔及利亚的现实给予他的灵感其实很少。《坐着的阿尔及利亚女人》中的这个女人已没有了那种具有神秘魅力的奇特味道。相反，正如雷诺阿往常的法国女性肖像画一样，这个女人是理想化的。她是一个精致的美女，也是画面上的焦点。她周围没有舞蹈剧团，没有房屋，也没有清真寺，她也不在某个文化背景里。本杰明曾评论说："雷诺阿这是在以一种反人种学的方式画这个女人。"画面上，这个女人皮肤雪白，脸颊红润，带有盎格鲁－撒克逊人的特征，看起来具有欧洲人的特点，甚至她华丽的服饰，也让人感觉到她是一个为雷诺阿摆着优雅姿势的法国女人。雷诺阿给这幅画命名为《坐着的阿尔及利亚女人》，试图通过标题来让人相信这是个阿尔及利亚女人。

承继 1881 年的成果，在 1882 年，雷诺阿创作了几幅阿尔及利亚女性肖像画。除了《坐着的阿尔及利亚女人》，还有《穿着阿尔及利亚服饰的克莱蒙汀·斯托拉夫人》《阿尔及利亚的女人与小孩》。1883 年，在返回意大利后，雷诺阿还凭着印象，创作了一幅《阿尔及利亚少女》。

两次短暂的阿尔及利亚旅行，让雷诺阿体验到了东方女性不同于欧洲女性的魅力。在他的画笔下，我们可以感受到一股异国情调。但是这样的东方主义旋律并未持久，它如昙花一现，在短暂的美丽过后，就华美谢幕了。雷诺阿又回归到了他的主旋律中。旅行，确实给了雷诺阿更多的创作灵感与对象。

意大利的巡礼

第一次阿尔及利亚之旅结束后，在 1881 年秋天，雷诺阿决定和朋友一起去意大利旅行。因为他听说意大利有很多著名的艺术博物馆，那里展出了很多著名的艺术品，包括画作、雕塑等。他首先来到了威尼斯。一踏进威尼斯城，雷诺阿就被这里古典浪漫的艺术气息深深地吸引了。威尼斯弯弯曲曲的河道深处，隐藏着许多前人的杰作。雷诺阿对宗教没有狂热的追求，但当他看到圣马可大教堂时，不禁为意大利人的宗教信仰力量所折服。大教堂建筑遵循拜占庭风格，呈希腊十字形，上覆五座半球形圆顶，是融拜占庭式、哥特式、伊斯兰式、文艺复兴式各种流派于一体的综合艺术杰作。教堂正面有五座棱拱形罗马式大门，顶部有东方式与哥特式尖塔及各种大理石塑像、浮雕与花形图案。他的朋友告诉他，呈现在他面前的这座“金色大教堂”是威尼斯建筑艺术的经典之作，收藏着丰富的艺术品。听到这里，雷诺阿就迫不及待地想到里面去看个究竟。他一边看着这些藏品，一边“啧啧”地感叹。突然，一座金光闪闪的铜马出现在他眼前。雷诺阿从来没有见过如此形神毕具、惟妙惟肖的铜塑。雷诺阿激动地对身边的朋友说：“我想，威尼斯的荣耀和富足就体现在这里了吧！依我看，这里就是威尼斯的骄傲呢！”他的朋友笑着补充道：“还有，您还遗漏了一点。那就是这里还是威尼斯的信仰！”参观完了圣马可大教堂后，雷诺阿抑制不住想要创作的激动，他连续画了好几幅圣马可大教堂的风景画。

威尼斯激发了雷诺阿的创作灵感，让他对意大利更加充满了向往。随后，雷诺阿到了佛罗伦萨。他参观了很多佛罗伦萨的美术馆，其中令他印象最深刻的就是皮蒂宫的美术馆。

圣马可大教堂矗立于威尼斯市中心的圣马可广场上。始建于公元 829 年，重建于 1043—1071 年，它曾是中世纪欧洲最大的教堂，是威尼斯建筑艺术的经典之作，同时也是一座收藏了丰富艺术品的宝库。

圣马可大教堂

拜占庭式建筑

雷诺阿听说皮蒂宫的美术馆展出了一系列拉斐尔的圣母像，一到了佛罗伦萨他就直接去了皮蒂宫美术馆。但是时间已晚，他没有如愿以偿地看到这些画。他只好先回到旅馆，期待着第二天参观。第二天天刚亮，雷诺阿就起床了，他走在佛罗伦萨的街道上，看着那些早起忙活着店铺生意的人，不禁想起了家里的妻子。大街的角落里坐着一对衣衫褴褛的母子，他们在乞讨。母亲抱着一个三四岁模样的孩子，她的头发全白了，脸上布满了皱纹。雷诺阿掏了掏口袋，给他们留下了一把钱。

皮蒂宫是佛罗伦萨最宏伟的建筑之一，原为梅迪奇家族的住家。建于1487年，可能是布鲁奈莱斯基设计的。16世纪由阿马纳蒂扩建。正面长205米，高36米，砌以巨大的粗制石块。唯一的装饰是底层窗户支架之间的狮头雕像。向前凸出的两翼工程建于洛林时期。从拱形大门穿过中庭就进入阿马纳蒂庭院，庭院的后身是高于它的博博利山丘。山丘与园林组成这座建筑的后身屏障。二楼是王室住宅和帕拉蒂娜画廊，三楼是现代艺术馆。这座建筑还是银器博物馆和马车博物馆。

皮蒂宫

《椅中的圣母》　拉斐尔

雷诺阿终于看到他向往的圣母像了。在皮蒂宫美术馆里，他静静地欣赏着拉斐尔的《大公爵之圣母》《椅中的圣母》等作品。这些完美无瑕的画作让他想起了他的母亲。在《椅中的圣母》前，雷诺阿看着画中圣母的眼睛，他感受到了拉斐尔画这幅画时的灵魂。画中的圣母善良、和蔼，就像一个普通的母亲一样，把自己的孩子耶稣抱在膝盖上，静静地用脸颊贴着孩子，呈现出母亲的温情。身边的朋友告诉雷诺阿："那画中圣母的形象，是拉斐尔根据自己的恋人弗尔娜丝创作的。有一次拉斐尔从梵蒂冈出来，在门口廊柱下见到一位抱着婴儿的少妇，酷似他的心上人弗尔娜丝，她的目光令他神魂颠倒，他满怀激情地拾起一块木炭，想把这动人的瞬间永驻在画布上。他环顾四周，看到旁边有一只朝天的空桶，拉斐尔没多考虑，就跑过去把桶翻过来，在桶底急速地画下了这位多情而美丽的少妇。""啊，原来是这样，难怪这上面的圣母的眼神如此的意味深长。"雷诺阿不禁感叹。"外行看热闹，内行看门道"，让雷诺阿更感兴趣的是拉斐尔绘画时的特殊技巧。

在这一作品中，拉斐尔仍然严格遵循了中世纪以来基督教题材绘画的许多传统规则，他使用的是圆形图。雷诺阿默默地想：自己画了这么久的画，都没有尝试过使用圆形构图。拉斐尔为显示圣母的神性而在头上画了光圈，画上了象征着小耶稣旁边合着双手的小圣约翰身份的手杖。另外，圣母的红色上衣罩着蓝色的外套。因为基督教规定，红色象征着上天的爱，蓝色象征着上天的真实。同时，拉斐尔还突出了自己的创造，那圣母头上的光圈，已由中世纪时的金色的圆盘变成一个似有似无的圈，这使它与整个画面自然和谐。基督教规定圣母的上衣需要罩上蓝色的外套，而拉斐尔为了画面的协调，将圣母的蓝色外套完全脱下，盖在膝盖上，而在抱着小耶稣的手臂上露出了红色上衣的袖子。就在这红与蓝两大鲜明的色块之间，恰好是小耶稣的位置所在。小耶稣的衣服是黄色的，从而在画面上形成了红、黄、蓝三原色的对比，并体现出和谐的效果，同时，红与蓝之间加上大块黄色，使画面增添了富丽的色彩。

“待了这么长时间了，也该走了。”雷诺阿的朋友催他。当雷诺阿迈开脚步正要离开时，他突然发现如果用手指把小圣约翰的头遮住，圣母的左膝盖会很不自然地突出在画面上。雷诺阿想：这左膝盖这样高高抬起，左腿一定是踏在什么东西上才会比右腿显得高。可圣母又偏偏把孩子抱在低低的右腿上。“啊！原来拉斐尔是为了适应圆形构图啊！真是匠心独运！这可能是我想象中最自由、坚固、单纯而活生生的画了。”

雷诺阿在佛罗伦萨住了一段时间，之后又去了罗马，一直流连在那些美术馆里。他看到了很多文艺复兴时期的经典画作，其中拉斐尔的画洋溢着幸福与欢愉，幻化出柔和、饱满、圆润的调和之美。这种古典主义的艺术深深地影响了正处在是否要放弃印象主义的矛盾中的雷诺阿。他在给杜朗·吕厄的信中说：“我在罗马看了拉斐尔的画，它们是奇妙的，我早该看到它们。这些画显示了真正的艺术技巧和智慧。不像我，他不去追求不可能的事。但它是美的，对于油画我宁可取法安格尔，但那些壁画是值得赞赏的，它单纯而宏伟。”

拉斐尔·桑西（1483—1520），意大利画家。拉斐尔是意大利文艺复兴时期最伟大的画家之一，和达·芬奇、米开朗基罗并称“文艺复兴三杰”。由于高超的艺术造诣而被神化了的拉斐尔，代表了文艺复兴时期艺术家从事理想美的事业所能达到的最高峰。

浸润了佛罗伦萨和罗马的人文主义，雷诺阿又启程去了小城那不勒斯。走在那不勒斯的街道上，感受着这里回归祖国的胜利气氛，雷诺阿决定到乡下去看看，或许在那里会遇到意想不到的惊喜。雷诺阿在乡村一所无名的教堂里看到了几幅红色的壁画。这些壁画看起来历史悠久，可是仍然颜色鲜艳，尤其是它们的红色，让人眼前一亮。雷诺阿想起了在巴黎美术学院上课时课本上的介绍和插图。“这不就是罗马时期的庞贝壁画吗?”雷诺阿一阵激动。当时他还对这些红色的画感到奇怪，没想到现在亲眼所见，竟会如此震撼！一个村民看到了雷诺阿激动的样子，他指着这些画告诉雷诺阿：“您很喜欢这些画？在村头还有一些这样的画呢，那是很久以前一个画家画的。”雷诺阿这才恍然大悟，原来这些画都是临摹品。真正的庞贝壁画只有在博物馆才能看到。于是雷诺阿来到了那不勒斯博物馆，在那里，他看到了出土的真正的庞贝壁画。

这些庞贝壁画给了雷诺阿很大启发：一幅画无需用太多种颜色就可以表现得很出色，而且会因此具有一种浑然一体的雄风。他开始迷恋上了“庞贝红”。雷诺阿在给夏庞蒂埃夫人的回信中写道：“我正在学习许多东西，我学习得愈久，肖像画画得愈好……我在这里有照耀不息的阳光，我能够由我高兴刮掉我的画重新开始。这是学习的唯一道路，在巴黎我们就被迫满足于微小的东西。我在那不勒斯博物馆学到很多东西，庞贝的壁画，从每个角度看都极有趣味。我相信，我将学到古代画家们画作的宏伟和单纯。”雷诺阿晚年时特别喜欢用各种由浅到深的红色作画，常使画面红成一片。他经常对着家人说：“我要一种响亮的红色，响得像个钟一样……”

庞贝壁画：罗马时期的壁画。庞贝壁画样式的变化，显示了装饰思潮的变迁和各种外来因素的影响。

那不勒斯：那不勒斯是意大利的第三大城市，该城风光绮丽，是地中海最著名的风景胜地之一。

1882 年 5 月初，雷诺阿从意大利返回巴黎。这次遍游意大利，希腊、罗马的雕刻壁画给他留下深刻印象，以至于使他开始着迷于古典绘画样式，一度丢开了自己已臻成熟的印象派画法。

这次旅行超出预期的想象，它打开了雷诺阿的视野。他膜拜了 16 世纪文艺复兴时期的艺术，瞻仰了威尼斯画派的绚丽画幅，庞贝古罗马壁画中丰美简洁的色感、那含有朱色艳丽的红色调、朴实又宏伟的绘画风格，特别令他折服。于是“ 庞贝红”一直成为他晚年艺术追求的焦点。对雷诺阿来说，意大利之行，更是一次艺术的洗礼。他开始反思：以前自己过分注重光线变化中的印象，抓住的只是眼前的视觉片段，人被光线控制，无法更加丰富地表达自己的构图思想。再想想那些文艺复兴巨匠们的作品，刚健、质朴，表现出健康而美丽的世界。他意识到了形体和构图的重要性，创作风格开始转变，开始注重对形式的探索，追求色彩的单纯化和形态的稳定化，古典主义出现在他的作品上。整个 19 世纪 80 年代，雷诺阿的画风大为改观，被称为他的“新古典主义时期”。

雷诺阿不仅吸收古典主义，而且保留了自我风格。他对古典主义并不是照单全收或生搬硬套，而是针对自己目前的绘画局面，从古典大师那里汲取自己欣赏的、自己认为缺失的养分，把它们融入到个人的绘画艺术中，就像安格尔曾经说的："古代的作品是社会公有的财富，每个人都可以从中选取他所喜爱的杰作，这些财富一旦为我们所使用，它将成为我们个人的财富了。你看拉斐尔孜孜不倦地临摹着前人，但他始终是独具一格的。"雷诺阿在绘画题材、绘画技法上渗透了古典主义的特色。

然而，很多评论家认为雷诺阿在此时的尝试是失败的，大多数作品画得很僵硬，因此这个阶段又是他的"危机年代"。但是不管是成功还是失败，雷诺阿勇于抛弃已大获成功的既得画法、努力于对新形式的探索，已经充分显示出他令人钦佩的艺术家的真正品质——才华横溢的画家不甘于受一种形式的局限。作为印象派代表画家的雷诺阿从古典大师那里吸收养分，融入个人的绘画创作中，是希望产生一种新的艺术语言，打破曾经固守的、自己认为不再新鲜的东西，从而推动个人在艺术道路上的成长。这种求新求变的心理是每一个有想法的艺术家都会经历、都会体验的。正如安格尔所说："能干的美术家是敢于冒失败的风险的。他能将所有即使是拙劣的画例有效地加以利用。他可以从最平淡无奇的事物中找出有用的东西，经过他的手艺，把它变为完美的艺术。他能从极原始的艺术样式中寻求他所需要的独特思想，并将其成功地融合在自己的创作里，而且，有时甚至会有重大的发现。”因此，对雷诺阿古典主义时期的艺术，绝不能简单地下像一些评论所说的“艺术的倒退”等结论，而应该认识到这是一个有思想的艺术家在艺术道路上不断探索、不断求真的过程。

《伞》 1883 年
现藏于伦敦国家美术馆
这是雷诺阿极力寻求脱离印象派技法的试探之作

《乡村之舞》 1883 年
现藏于巴黎奥赛美术馆

《城市之舞》 1883 年
现藏于巴黎奥赛美术馆

《波格维尔之舞》 1883 年
现藏于波士顿美术馆

天伦之乐带来的温情小品

1885 年春天，雷诺阿迎来了自己的第一个儿子。初为人父的雷诺阿抑制不住心中的喜悦，逢人便说："我当父亲了。我有儿子了。"雷诺阿给儿子取名皮埃尔，为了给儿子更好的生活环境，雷诺阿带着妻子和儿子到了拉罗什小住。在这里，雷诺阿一边陪着妻儿，一边进行创作。看着儿子一天天地成长，雷诺阿很高兴。他细细地观察着小家伙的成长经历，画了许多幅儿子的画像。他那胖嘟嘟的小脸、小胳膊、小腿，真惹人怜爱。他从来没有享受过这样的快乐。儿子的降生，对雷诺阿的画风很有影响。他热切地画着儿子，专注于怎样表现婴儿天鹅绒般的光洁皮肤，并开始重组他的内心世界。

一天，妻子抱着儿子坐在花园里喂奶，她觉得天气有点凉，便让雷诺阿帮忙拿件衣服出来。"好的！亲爱的，

《母与子》 1886 年

让·雷诺阿

马上就来。”雷诺阿匆匆拿了一件外套跑出来。眼前的一幕让雷诺阿觉得异常温馨：柔和的夕阳下，妻子抱着孩子坐在那里，眼神温和慈爱，怀里的儿子“滋滋”地吸着奶，小手还抓住了小脚，特别可爱。“啊！这样的线条，这样的场景，我应该把它画下来的。”雷诺阿把衣服披在妻子身上，就马上跑回去拿画具。妻子很纳闷，就问他：“你要去哪里？为什么跑那么快？”“你就这样坐着就好了。亲爱的，你太美了。我要把你画下来。”雷诺阿头也不回，大声地说道。妻子听了他的话，娇羞地低下了头。

雷诺阿按照往常的习惯，调好了色板，就开始画了。他先照着样子画好了素描，突出了线条的美感，一边画一边说：“就要这样的线条，等我画好了，你就知道你有多美了。”在上色时，他特意选取了比较淡雅的颜色。在给妻子的衣服上色时，他想起了在意大利看到的庞贝红，于是，他做了一些淡化处理后，把妻子的外套画成了玫红色，这样与整个画面就协调了。

终于画好了，妻子看着这幅画，顿时就笑了。她说：“亲爱的，你看得真仔细，连孩子吃奶时惬意的眼神也画出来了。我哪里有这么慈爱、纯朴呢？你把我画得这么美。”雷诺阿抚摸着妻子的脸庞，说：“在我心里，你就是最善良美丽的。”

塞尚到雷诺阿家里做客，他看到了这幅画后，不禁赞叹道：“老兄，现在你的画已经如此地线条化了，想必意大利之行你是满载而归啊。”

雷诺阿在画儿子的时候，明显地受到了线条主义的影响，但是他又觉得这样并没什么不好。他又连续创作了一系列以线条为主的作品。比如《大浴女》《梳理头发的浴女》等。

雷诺阿和妻子阿里娜一共生了三个孩子，除了大儿子皮埃尔，还有二儿子让，小儿子克洛德。安静的雷诺阿对儿子的爱也是那样的深沉。他是个慈爱的父亲，和天下父母一样，对孩子的爱是无微不至的。特别是进入晚年的雷诺阿，对生命的认识更加深刻，他对亲情更加珍惜，对孩子更加关心。雷诺阿是个画家，他对孩子的教育有着艺术家的特殊方式。

在孩子们还小的时候，雷诺阿一直很关心他们的成长，尤其是他们的安全。那时雷诺阿一家住在公寓的三楼，三楼有个阳台，雷诺阿从来都不允许孩子到阳台上玩。他担心孩子爬过阳台栏杆跌下楼去。可是每次厉声喝斥之后，孩子们还是会到阳台上去玩。于是，雷诺阿想了一个好办法。他拿着工具，“叮叮当当”地在阳台上敲了一整天，在栏杆上围了像鸡栏一样的栅栏。

威胁孩子们安全的因素还有很多。雷诺阿最害怕的是孩子们把手指伸到车轮里。那天，亲戚家的孩子保罗骑自行车来家里玩，保罗带着小表弟到楼下，他向小表弟炫耀自己的车子，他把自己的自行车推过来，转动脚踏板。自行车的后轮是用钢做的，转动起来闪闪发亮，像旋风一般，看起来很酷。这时，雷诺阿刚好回到家，他看到这一幕，立刻跑过去，一把把儿子揽在怀里，生怕他去碰那个车轮，着急地问：“伤到手了吗？伤到手了吗？”确认孩子没事后，他严肃地对保罗说：“别让表弟把手伸进去，它会把手指绞断的！”从此以后，保罗再也不敢带着表弟玩自行车了。

等到孩子们上学了，雷诺阿很重视孩子们的教育，但是他坚决反对给孩子天才式的教育。在他看来把一个原本普通的孩子塑造成为神童是可悲的。有一次，雷诺阿的一个朋友说：“您看皮埃尔和让都这么聪明，想必一定遗传了您的绘画天赋，您完全可以教他们，让他们成为神童啊。”一听到这样的话，雷诺阿就马上反对。他向朋友解释说：“神童都是一些小怪物，我才不想让孩子们成为怪物呢。”

大儿子皮埃尔和二儿子让很淘气，为此，他们的老师不止一次找到雷诺阿，老师义正词严地对雷诺阿说：“我想您应该管管这些孩子们了。您得对他们的教育负责!”雷诺阿笑着送走了老师后，就把孩子们找来，他没有责骂孩子们，而是对他们说：“小男子汉们，我不瞒着你们，你们的老师找我谈话了，你们的情况我都了解了。你们在班上考试的成绩不好、逃学，这些我都理解，我不会管的。我以前也一样。逃学这么有趣，以后你们逃学时，也带着我一起去玩吧。你们不知道，画画可是个累人的活儿。”两个孩子听了父亲的话，低着头，没说话。妻子阿里娜可没有雷诺阿的好脾气，她对孩子们的表现很生气。她不允许他们在雷诺阿画画的时候吵闹，不允许他们弄脏好不容易擦干净的地板，可是两个小家伙依然这么干，还学着父亲在地板上乱涂乱画，这把阿里娜惹怒了。雷诺阿赶紧过来把孩子们带走，把地板擦干净，哄妻子高兴。

雷诺阿认为，一个人有知识、有教养的前提是必须先学会如何做人。因此，雷诺阿特别注重教育孩子们做人的道理。

雷诺阿最喜欢的是二儿子让，然而最令他头疼的也是让。有一次，让把一包山羊粪送给家里的管家加布里耶尔，并说这是他精心准备的礼物，让她一定要吃。于是，管家加布里耶尔信以为真。正当她要把一粒羊粪往嘴里送的时候，妻子阿里娜看到了这一幕。她大叫了一声，阻止了管家。阿里娜立刻把让找来，掏出口袋里的小刀，从院子里的树枝上割下一条软树枝，要打让的屁股。雷诺阿听到孩子的哭声，赶紧跑来，他费了好大的劲才劝说妻子饶了儿子，使让免了一顿打。

但是有一次，雷诺阿狠狠地责骂了让。因为让在吃奶酪的时候，扔掉了离皮最远而味道最好的中心部分。雷诺阿很生气地责骂他："你这样做和原始人有什么区别！下次不要这样了！"

雷诺阿很看重友谊，他向孩子们强调得最多的是交友要尽义务。有一次，大儿子皮埃尔和邻居小朋友闹矛盾了，原本两个要好的朋友变得如同陌生人一样，见了面也不打招呼，也不一块儿去上学了。雷诺阿得知此事，语重心长地对大儿子说："不管是不是你的错，你先去认错。你们是好朋友，不能因为这些小事而不做朋友了。友谊是金钱买不来的，错过了就再也找不回来了。"皮埃尔听了父亲的话，主动向父亲认错，然后就去和邻居家的小朋友和好了。

雷诺阿就是这样一位慈爱的父亲，在抚养孩子们成长的过程中，他创作了很多关于儿子的画。比如《让在喝汤》《让与积木》《与玩具兵嬉戏的让》《让看书》等。画中的每一个细节都体现了雷诺阿对儿子浓浓的父爱。

雷诺阿去世后，二儿子让为他写了一部回忆录，名叫《雷诺阿传》。这部回忆录深刻地体现了雷诺阿对生活、对家人深切的爱。让·雷诺阿在书中写道："巴赫的主要成就在音乐方面，苏格拉底思想的精髓存在于由柏拉图搜集的《对话录》中，而雷诺阿最深沉的本质，无疑是蕴藏在他的油画中。"

雷诺阿和小儿子克洛德

回归印象派

雷诺阿进行了一段时间的对古典主义的探索，从对印象派的反叛到对线条风的继承，他一直在摸索着自己想要的艺术感觉。这段探索过程无所谓对与错，它只是一个画家追寻理想的跋涉。

在探索的初期，雷诺阿模仿文艺复兴时期的雕塑进行创作。这段时期的代表作是《大浴女》。在创作《大浴女》的时候，雷诺阿下了很大功夫。他根据在意大利旅行时看到的 17 世纪法国雕刻家席拉尔东所作的装饰浮雕《沐浴的林姆芙》，试图表现林中浴女活泼嬉戏的情景，并以此展现一组优美的女性姿态。他带着他的模特们到了森林里，为作品画了很多幅草图。他的朋友来家里做客，经常看不到他的踪影。每天中午，妻子去给他送饭，看到他如此严肃认真，妻子很纳闷儿。他回答说："我只想告诉别人，我不是只会乱涂乱抹的印象派画家。”

雷诺阿的创作态度是非常严肃认真的，他的素描功底非常棒。他拿着这幅画去参加了巴黎的美术展览会。本以为这幅画会获得好评，但是一些评论家告诉他：“因为用过于严谨的古典主义手法来表现，其形式和内容间产生了矛盾，使画面略有不自然的感觉，尤以最左边那个黑发女子的动态最为明显，成为你笔下一个有些矫揉造作的形象。”就连一直很欣赏雷诺阿的杜朗也很遗憾地对他说：“我真的无法理解你为什么要这样糟蹋自己的艺术。”大家都在批评雷诺阿，只有塞尚说出了雷诺阿的心声。塞尚看到了这幅画，对他说：“原来你还是印象派嘛。这幅作品除人物以外，周围的水和树木，都仍然采用印象派画法，它们和用传统的细腻笔法画出的光滑的女裸体形成对比，增添了美感和生气。”

雷诺阿送去参加美术展的作品除了《大浴女》外，还有一幅《梳理头发的浴女》。出乎意料，这幅画却得到了评论家的赞赏。他们都认为，这幅画的色彩、线条体现出了雷诺阿的古典主义情调，但它自然多了，不像在《大浴女》中体现得那样造作，其构图构思尤其绝妙。这丰实健美的女裸体背对观众坐在天地之间，像一座高山耸立，其

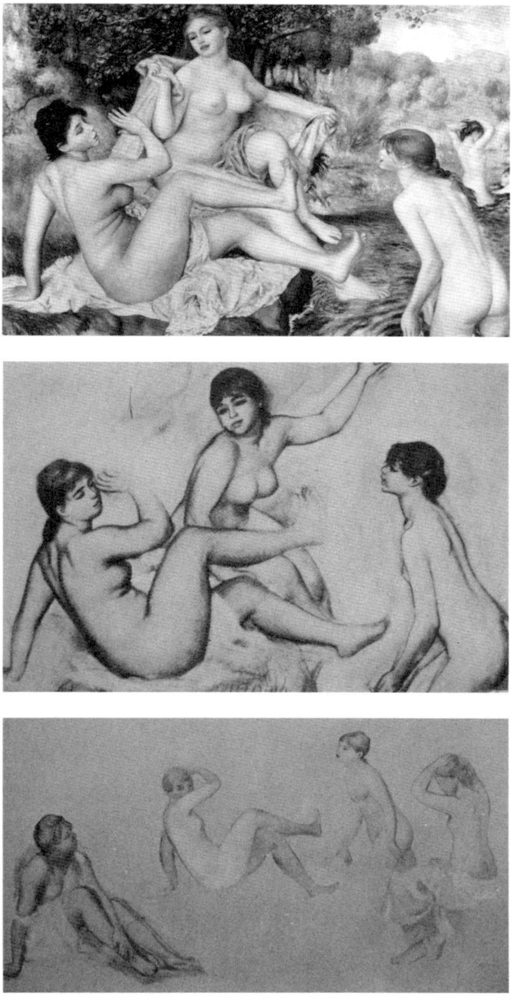

《大浴女》　1887 年　现藏于费城艺术博物馆

手势动态及其造成的身体起伏的曲线皆妙不可言。背景的色彩与笔触，还是用印象派的画法精心描绘的，天地色彩的清爽和柔媚，似乎使自然和女人的概念融合在一起，犹如一座超越了俗气的女性性感美的纪念碑。

就在雷诺阿想要放弃印象主义的时候，从1886年开始，印象主义逐渐被公众接受了。印象派画家们多年来的努力终于获得了认可。时刻对自身、对艺术的反省是艺术家的特质。在古典主义中黯然神伤的雷诺阿又重新开始思考自己到底需要什么样的风格。1889年，马克斯邀请雷诺阿参加法国艺术百年回顾展，雷诺阿拒绝了。他给马克斯写信说："我觉得我所有的画都画得不好，再也没有什么事情比看到它们展出更让我难过的了。"莫奈写信安慰他："我支持你，你完全可以不靠这些而获得成功，不参展会让你更潇洒。"

在朋友的劝说下，从1890年开始，纯正的印象派风格又在雷诺阿作品中重占上风。但它们是悄然而来的，古典主义风格亦是悄然而去的，其间并没有一个绝对的界限。但是，雷诺阿仍旧保留了他在意大利获得的艺术体会。他把自己深爱的"庞贝红"融入印象派的色彩旋律中。他写信给对他失望的杜朗·吕厄说："我重拾过去那柔和轻快的绘画，而且不再放弃它……这并非创新，而是 18 世纪绘画的延续……”

《理发的浴女》1885 年

《洗衣》

1892 年，雷诺阿接到了官方的邀请信，让他创作一幅《弹钢琴的少女》。于是，雷诺阿开始着手创作这幅画，画成之后，政府以 4000 法郎购买了这幅画。《弹钢琴的少女》是他第一幅被国家购买的画。画中两位女孩认真阅读摆放在钢琴上的琴谱，一个坐着抬头仰视；一个站在旁边，一手撑在椅子上，一只胳膊放在钢琴上。构图精美，色彩极为柔和优美，线条顺畅，整个画面充满一种甜美纯真的氛围。

这时，雷诺阿已经获得了巨大的成功。意大利之行，收获过失落，也收获了成功，这让雷诺阿明白什么才是应该坚持下去的。

《弹钢琴的少女》　1892 年

《少女们》　1882 年

第7章 晚年的雷诺阿

与风湿病抗争

1897 年，雷诺阿遭遇了一次严重的事故。那天下着瓢泼大雨，因为有急事，他要到距离巴黎不远的塞尔维尼，但他找不到愿意去那儿的汽车，于是就骑着自行车去了。因为雨天路滑，他滑进了一个水坑里，连人带车倒在一堆乱石上。他的右臂剧烈疼痛，但他忍着疼痛，挣扎着爬起来，用左手推着车子继续往前走。走到半路，他实在忍不住了，就停下来想找医院，可是周围都是荒山野岭，上哪儿去找医院？这时，他看到了一个农民，于是他就向那个农民求助。农民把他带到了村子里的诊所，医生帮他检查伤口时发现他伤得很严重，右臂骨折了。医生给他的右臂打上石膏，嘱咐他不能再骑车了。回到巴黎静养了四十天后，雷诺阿右臂上厚厚的石膏终于可以拆掉了。在这四十天里，因为右手不能动，而左手又不灵活，雷诺阿就让妻子阿里娜帮助他调好颜色，用左手歪歪扭扭地在画布上画画。石膏一拆掉，他就兴奋地对家人说："太好了！这讨厌的东西终于拆掉了，我又可以画画了。"快到圣诞节的时候，天气寒冷，雷诺阿开始觉得右手臂隐隐作痛，作画的时候右手还会经常抽搐。他的朋友德加来看望他，得知了他的情况，担心地说："我怀疑你因为上次的事故使右手得了风湿病。风湿病会在天冷的时候发作，特别疼。"于是，雷诺阿就去医院做检查。医生告诉他："你患了严重的风湿病，目前还没有治疗风湿病的特效药，我给你开一些退烧药。你不要再动用你的右手了，否则它就废了。"

为了保住自己的右手，雷诺阿认真地听从医生的建议，按他说的去做了，还增加了一些适合自己的体育锻炼。每天早上起床后，雷诺阿就到附近的公园里做运动。他自己一个人拿着一个皮球抛来抛去。一个小男孩看到了他的样子，"咯咯"地笑了，对他说："先生，您真笨。您一整个早上都在那儿做一个动作，真没意思。你可以这样啊。”那小男孩把球抛起来，等到球快要落地时就用脚把球踢起来。雷诺阿也想学小男孩的动作，他把球抛起来，也想试图踢中它，可是脚就是不听使唤，老是踢不中。小男孩不厌其烦地教雷诺阿怎么玩，可他就是学不会。两个人在公园里兴高采烈地玩了一上午。分别的时候，雷诺阿和小男孩约好第二天还来踢球。

第二天早上，雷诺阿带着皮球，早早地来到了公园等候小男孩。小男孩蹦蹦跳跳地跑到雷诺阿跟前，说：“咱们今天不踢球了，咱们玩弹子球吧。”“可是我没有玩具啊。”雷诺阿两手一摊，很无奈。“我有呢。你到我家来玩。你也可以买一台，我们来比赛。”小男孩自豪地说。雷诺阿没有去小男孩家，他回到家里，让妻子去给他买一台弹子球台。于是，雷诺阿每天都要去玩弹子球。他发现，这种游戏对他的身体很好。玩球的时候要经常变换身体姿势，一段时间过后，雷诺阿的右手灵活了很多，也不再那么痛了。

可是，天气一变冷，寒风一刮，雷诺阿的右手就会剧烈地疼痛，他整夜无法入睡。看着自己越来越严重的右手，他感到从未有过的害怕。他害怕这次真的不能画画了。命运的关头，是屈服还是顽强地战斗呢？雷诺阿把自己关在画室里，他看着自己的作品，心想：自己怎么能放弃呢？妻子怕他想不开，安慰他。他深情地看着妻子说："别担心，我要和风湿病抗争，我还要画画。这个家还得我撑下去，我还得赚钱养活你和孩子们呢。"

由于得不到有效的治疗，雷诺阿的病时好时坏。他的身体本来就不好，新伤加旧患，他的身体变得更糟了。风湿病也加速了他神经的萎缩，几个月的时间，他的目光变得呆滞无神。来看望他的朋友很担心他，为他的不幸伤心落泪。可是雷诺阿用颤抖的右手举起画笔，乐呵呵地告诉他的朋友："你看，我这不是还可以拿起画笔吗？我还能画画的。"

患病这么久，雷诺阿从来不把他的痛苦迁怒于家人。可是，剧烈的疼痛也会让他失去理性。那天早上，二儿子让在客厅里玩球，他看到雷诺阿走过来，就兴高采烈地跑到雷诺阿身边，央求雷诺阿陪他一块儿玩。此时，雷诺阿的手疼得很厉害，他想找一些止痛的药，可是不知道放在哪里了。他对儿子说："乖，到别的地方玩，爸爸手疼。"可是儿子仍旧不依不饶地央求雷诺阿，雷诺阿很生气，用左手拿起那个球抛出窗外，大声地吼道："见鬼去吧！我都要变成痴呆了！”儿子被雷诺阿吓坏了，“哇哇”地哭起来。雷诺阿听到孩子的哭声，顿时意识到自己做错了。孩子有什么错呢？自己要这样迁怒于他。于是，他去拿了一些糖，扮起了鬼脸，对儿子说：“儿子乖，男子汉不哭。爸爸错了，爸爸再也不这样了，原谅爸爸好吗？”眼泪汪汪的儿子停止了哭声，用他的小手摸摸雷诺阿红肿的右手，轻声说：“爸爸，我给你摸摸就不疼了。爸爸不疼了就可以陪我玩球了。”雷诺阿被儿子的话感动了，他搂住儿子，忍了很久的眼泪终于落了下来。

经历了这件事，雷诺阿更加坚定了治病的决心，他一直没有放弃锻炼自己的右手。不能画画，他就让妻子找来一些木棍，用刀子慢慢地把这些木棍削成均匀的小棒，然后再把它们刮得很光滑。这样的过程可以锻炼他右手的力量和灵活性。妻子看着他整天这样刮着，劝他休息一会儿。他说：“人画画是要用手的，我不锻炼的话就再也不能画画了。”

因为雷诺阿坚持锻炼和治疗，他的病情也逐渐好转。医生建议他到气候温暖的地方去养病，这样效果更好。于是，雷诺阿一家就搬到了妻子的故乡爱索瓦。爱索瓦是个气候温暖、景色宜人的村庄。来到这个风景如画的地方，雷诺阿的心情很好，他的身体也开始慢慢恢复。

《爱索瓦》

爱索瓦景色

村子里的人听说雷诺阿来了，纷纷赶过来看望他。他热情地接待了村民，对村民们说：“谢谢大家来看望我，我是个穷画家，没什么回报大家，我就画几幅画送给大家吧。”送走了村民，他拄着拐杖，到村子里去晒太阳，欣赏久违的大自然。走着走着，他看到了一条大河，河水滔滔地向东奔流。河边长满了水草，河岸两边的山丘种满了葡萄，几座房屋若隐若现。暖风习习，他看着波光粼粼的河面，顿时心情舒畅。当阳光明媚的时候，雷诺阿会和妻子一起来河边，他让妻子帮他支好画架，他用颤颤巍巍的手夹住画笔，慢慢地在画布上描绘眼前的景色。对着大自然作画让雷诺阿很激动，他很久没有这样画画了。风湿病阻挡了他亲近大自然的脚步，现在，他终于可以拿着画笔作画了。

一天，他去河边画画，一个正在垂钓的老人看到了他。通过聊天，老人知道了雷诺阿内心的痛苦。他意味深长地对雷诺阿说：“我们都一样，已是风烛残年，能多做一点儿就是一点儿。你除了画画，还会其他的吗？我是个雕塑家，我一生都在雕塑，忽略了其他的艺术。年轻时应该多学一点儿的。”雷诺阿听了老人的话，陷入了沉思：现在还活着，手还可以动，为什么不多学一点儿呢？于是，雷诺阿开始学习雕塑。

然而他的身体不允许他久留于此，他得到更温暖的地方去养病。雷诺阿又搬到了加涅，在那里，雷诺阿继续创作。他的病突然变得很严重，只能坐在轮椅上，右手无法握笔。医生对他的病也束手无策。此时，雷诺阿已经清楚地认识到自己的病已经没有治好的可能了。他对家人说："我想我没有时间和精力去和病魔战斗了，我现在需要画画，不管怎么样都要画画。"右手手指已经不听使唤，雷诺阿就让家人把画笔绑在手背上，坚持作画。他坐在轮椅上对家人说："我这样足不出户，真是幸运，我现在只有画画了！"

越痛苦，雷诺阿画得越多。对雷诺阿来说，夜晚是十分可怕的，他瘦弱得连床单轻微的摩擦也会留下一道伤口。晚上，当他想到去床上会如同受酷刑一样时，就尽量拖延时间，不上床睡觉。包扎伤口时，他要把滑石粉撒在痛痒之处。除了画笔，他很难抓住任何东西，他和来看望他的朋友开玩笑说："我甚至连给自己挠痒都办不到了。"他在身边留了一把尺子，要家人用它在背上挠痒。因为每天都要坐在轮椅上，他无法忍受这么长时间一个姿势。他问家人："为什么屁股上的骨头这么刺人？"有时候，家人把他扶起来给他脱去裤子，撒爽身粉，将马毛椅垫换成木棉椅垫，但仍不合他的意。他埋怨说：“这就像一堆火！我坐在炽热的炭火上了！”偶尔，他也会发怒，也会骂人，也会诅咒，但他从来没有想到过自杀。因为双手不灵便，无法去擦掉鼻涕，他烦躁得简直要发疯了。他说：“我是个令人恶心的东西！”其实，他是十分干净的，每天早晚家人都要脱下他的衣服，把他放在盖着漆布的床上翻过来，用酒精给他从头到脚擦身子，他装的假牙要经常换，换下来的几副泡在消毒液里。根据气候、光线和手头工作的情况，雷诺阿会让家人抬他到画室，他要去画画。

为了更好地画画，他让人盖了一间五米见方，四周都是玻璃的棚子，所有的窗架都可以完全打开，光线可以由各个方向进来。每天，他就到那里画画，这让他感觉自己像在野外工作一样。玻璃棚可以调节光线，这是他最喜欢的地方。

由于夜里受尽了痛苦，他的声音变得很微弱了。当家人为他准备调色板时，他忍不住要哼上几声。他使劲儿在硬轮椅上调整一下坐姿，挺直身子，这样他才能安心作画。他多么想坐在那儿连续画，直到完成。可是，痛苦在他身上蔓延，开始时并不很明显，但不久就阵阵发作了，他不

《裸妇和帽子》 1904—1906 年

现藏于维也纳美术史博物馆

得不停下画笔。

但雷诺阿一直这样坚持创作着。《裸妇和帽子》就是在这个时期创作出来的。令人惊异的是，他的作品中没有留下一丝个人痛苦的痕迹。他的艺术总是肯定着生活的美。他对周围的生活有非凡的鉴别力。阴影和悲痛全部被他排除在外了。他就是这样一位不轻浮的艺术家，他的艺术始终能让人们看到生活快乐和甜美的一面。

雷诺阿在轮椅上度过了生命的最后十年，他始终昂着头，倔强地面对命运。在这样的倔强面前，命运再桀骜不驯，也会垂下头来。这是生命的胜利，这样的胜利需要才华，需要勇气，需要毅力，更需要同命运斗争的信心和力量。莫奈曾经这样评价雷诺阿："雷诺阿是一个胆小的决斗者，但当有宝剑在手时，面对顽敌的他会忘却了恐惧。"

女性的赞歌

越是艰难的生计和不如意的生活，越是老迈的身体和苍凉的心态，越是能让一位纯粹的艺术家在自己的作品中彰显他敏感而张扬的心。晚年的雷诺阿患上了半身不遂，他坐在轮椅上，把画笔绑在手背上，谱写了一曲女性的赞歌。

雷诺阿的女性肖像画让人感觉到一股清新、健康的女性之美。雷诺阿是画裸女的大师，他在画中表现健康的裸女，讴歌女性的肉体美。他喜欢把女人的肌肤画得有如珠光一般柔亮。他笔下的女性有的头发蓬松，但眉宇间散发出一种青春荡漾的风韵，有的显得天真未泯、健康而有活力，少数还带有一丝野性的单纯。有人曾问他为什么能画得如此细腻，雷诺阿回答说：“如果没有画出让人想要伸手去捏一把的感觉，那就不算完成。”

《伊雷妮·卡恩·达薇小姐画像》 1880 年
现藏于苏黎世希勒基金会

《入睡的裸妇》 1897 年
现藏于瑞士因哈特美术馆

年轻时期产生的对女性美的认识发挥了作用，雷诺阿从未间断对女性美的描绘。他创作了很多幅女性肖像画。例如1872 年的《莫奈夫人画像》，1874 年的《躺椅上的莫奈夫人》，1876 年的《乔治·夏潘帝雅的女儿》等。1897 年，他画了一幅《入睡的裸妇》，整个画面浮现着优雅无比的玫瑰红调子，散发出温馨迷人的清香，充分烘托了女性的温柔甜美及其肉体的天然魅力。画中的女性形象自然迷人而又优雅高贵。她的神情姿态，使人想起乔尔乔内的《入睡的维纳斯》和提香的《乌比诺的维纳斯》。

乔尔乔内（1477—1510），著名的意大利威尼斯画派画家。他是第一个真正意义上的意大利威尼斯画派画家、架上画的先行者。乔尔乔内是威尼斯画派成熟时期的代表人物，他原名乔尔乔·巴巴雷里·达·卡斯特佛兰克，乔尔乔内是他的乳名，含有“明朗”“幽雅”的意思。

提香·韦切利奥（1490—1576），出生在威尼斯的山区小镇卡多莱，他被誉为西方油画之父。他是意大利文艺复兴后期威尼斯画派的代表画家。

《入睡的维纳斯》　乔尔乔内

《乌比诺的维纳斯》　提香·韦切利奥

雷诺阿晚年的作品主要是女性的肖像画。画中的女性肥硕、健康而美丽，而且还带着像小孩子一样的天真、清纯和活泼。他把他喜爱的元素糅合到女性的身上，他笔下的女性，就像花儿一样美。善于观察的他总是能捕捉到事物最美的一面。凝视他的作品，作品中的每一个人都是那样的金光闪耀，除了明亮的金色之外，还有黄色和红色，渗透进肌肤里。

1903 年，病中的雷诺阿无法外出，他只有常常到附近的花园里赏花来寻点乐趣。他看到一个女孩轻轻地凑到半开半闭的玫瑰花前，闻了闻，转身对身边的朋友说：“这朵花好香，你来闻闻?”此时是鲜花盛开的季节，那些年轻的女孩们穿着漂亮的裙子，流连于花儿盛放的角落。温和的阳光下，女孩们红润的脸庞和花朵交相辉映。雷诺阿突然有了一个念头：何不画一组画来展现女性和花的主题呢？他把这个想法和妻子说了之后，妻子想了想，告诉他那就画一幅《花的礼赞》吧。于是，他开始创作，由于右手不能长时间工作，创作断断续续持续了 6 年之久。到 1909 年，这幅《花的礼赞》终于呈现在公众面前。

《花的礼赞》 1903—1909 年

现藏于巴黎奥赛美术馆

《簪花的贾布丽叶》 1911 年

现藏于伦敦国家美术馆

雷诺阿充分运用他喜爱的庞贝红赋予笔下的女性红润的肤色，这使画面有着明显的红色调子。一个正在山坡上采摘野花的裸体女子，在画面上顶天立地，非常壮观。她那肥硕的身躯以及神情动态，使她更像一个大自然中的美丽仙女。这仙女充满着不可抗拒的魅力，娇弱而又伟大。雷诺阿笔触看似漫不经心甚至有些零乱，但画中粉红耀眼的躯体像一团火红的晚霞，红色的树干和花朵则与之相呼应，天的蓝和草的绿全被染红了，成为一片红的赞歌，女人的头发和脸则成为红的高声部。背景上地平线起伏着，一种用极薄的颜色轻轻扫过似的笔触使得线条模糊不清，既流动又飘渺，它和前景沉甸甸似雕塑般的人体互为映衬，并使画面产生动感。这幅画展出后，获得了公众的一致好评。

1911 年，雷诺阿继续以花与女人的主题，创作了《簪花的贾布丽叶》。贾布丽叶是妻子阿里娜的表妹，也是雷诺阿晚年惯用的模特。雷诺阿捕捉到了贾布丽叶坐在梳妆台前戴花的细节，以玫瑰的娇红与皮肤的光润形成暖色调画面，半身像的构图，凸显女体的丰腴感，与绽开的玫瑰相呼应。

《弹吉他的女人》 1897 年
现藏于法国里昂美术馆

《罗美尼·拉寇》 1864 年
现藏于美国克里夫兰美术馆

《米勒小姐像》 1876 年
现藏于美国华盛顿国家美术馆

人生已到暮年，雷诺阿深刻地体会到了生命的意义。在他生病的那些日子里，他对宗教有了与年轻时期不同的认识。他慢慢地发现，宗教是可以救赎人的灵魂的。他不是宗教的信徒，但他相信人的灵魂是善良美丽的。有时候，他一个人到教堂里聆听钟声，在人们的祈祷声中，他静静地思考剩下的路该如何走下去。他听到了许多和宗教有关的离奇的故事，然后回来复述给家人听。他口才不好，不太会说话，他的儿子就抱怨说："爸爸，您还不如画给我们看呢。您画出来的可比说出来的动人多了。"于是，他只好把那些故事画出来。他在教堂里听到一个"三女神争夺金苹果"的故事，于是便把这些故事画了下来，那幅画就是《金苹果》。画面上中间的美神维纳斯对神王宙斯指定的"谁是最美女神"的裁判者帕里斯许诺说，她将把天下第一美女送给特洛伊王子帕里斯为妻。于是帕里斯单膝跪地，将刻有"送给最美的女神"字样的金苹果判给了维纳斯。之后维纳斯也未食言，使希腊第一美女海伦与帕里斯一见钟情，并随其私奔至特洛伊。于是希腊人为雪耻而追杀他们到特洛伊，苦战十年，最后用"木马计"将特洛伊人打败。

《金苹果》　1914—1915年　现藏于日本广岛 Hiroshima 美术馆

金苹果是希腊神话中著名的宝物。金苹果最早出现在宙斯和赫拉的婚礼上。大地女神该亚从西海岸带回一棵枝叶茂盛的大树给宙斯和赫拉作为结婚礼物，树上结满了金苹果。宙斯派夜神的四个女儿（称作赫斯珀里得斯）看守栽种金苹果的圣园。另外还有百头巨龙拉冬帮助她们看守。

这幅画是雷诺阿仅有的几幅宗教画之一，它展现出女性自然的姿态和神情，可与文艺复兴时期的女神像相媲美。

雷诺阿学会了雕塑之后，他笔下的女性终于走出画布，变为真实的立体雕塑。1914 年，他创造了雕塑《胜利的维纳斯》。雕塑以青铜铸就，却体现了富有弹性的健康肉体。它所具有的细腻质感，令人想起了古代希腊作品所享有的高尚格调。

凝视着雷诺阿的女性肖像画，我们能够听见来自雷诺阿心中的那动人的心曲。那心曲的主旋律，不是悲伤和哀怨，而是对日常平易而琐碎生活的热爱和憧憬，是战胜病痛和困难的达观和乐趣，是对生活的希望和期冀。

他的女性肖像画，用“绚烂之极归于平淡”来形容是很贴切的。绚丽的色彩光影，精湛独到的技法，都是为了衬托出美，是作者眼中的美，也是观赏者心中的美，是古典的美，也是现代的美，一定也是未来的美。道理很简单，人性美是普遍的，是我们与生俱来的追求。这种简单之美是难得的艺术境界，无论对于艺术创作还是对于艺术品审美价值而言，悬置了世俗欲望、功利得失，不用承载任何理性负担，这样的艺术就是简单的，这种美就是纯粹的。雷诺阿一生孜孜以求的就是这种简单的美。作为一位艺术家，他阅尽沧桑，读遍浮华，从没懈怠对美的执着和捍卫。女人体是西方绘画艺术的永恒主题，从古希腊的神圣脱俗，到中世纪的典雅含蓄，再到文艺复兴后的世俗性感、现代以及后现代的暴露张扬，一路下来，古典作品成了不可多得的稀世珍品，无论后来艺术家仰慕崇拜与否，雷诺阿的人物画都别具一格。在他的笔下，无论少女还是妇人，都看不出任何岁月磨砺和生活压迫的痕迹，甚至没有职业迹象，像一个个未染世俗的人间天使。雷诺阿用“丰硕”两个字去形容她们，他带着惊讶与钦羡来描摹她们的美，用疼怜之情将爱诉诸笔端。当代作家张炜在《远逝的风景》中说：“疼怜女子的艺术家——听来就毫不令人吃惊——其实不然，只有最优秀的艺术家才会这样。当然，这只能是一种深刻的疼怜。我们看到的常常相反：有人站在生存的高处，带着莫名的优越感去看女子。至于那些猥亵的目光，就更不值一提了。爱，带着微微的惊讶去爱，就必会抱有疼怜。”

艺术史上，每一个如雷诺阿一样执着于颂扬女性美的作家和作品都是令人难忘和着迷的，例如，达·芬奇的惊世之作《蒙娜丽莎》，川端康成的《伊豆的舞女》，梅兰芳的《贵妃醉酒》，还有宫崎骏的动画，陈凯歌、李安的电影，等等。这类创作是对人类灵魂的过滤和对人性的礼赞。康德要求艺术要将美尽力纯粹。因为这种美是人类的本质需要，美的作品是永恒的。

《女人与狗》

《坐着的浴女》　1883—1884 年
现藏于美国哈佛大学佛格美术馆

实 至 名 归

曾经年轻英俊的画家雷诺阿已经年迈了。他坐在轮椅上，头上戴了一顶帽子。他的眼睛仍然炯炯有神。他的双手虽然被风湿病折磨得蜷曲起来，但是他仍然努力地握住画笔，坚持作画。

晚年的雷诺阿享有很高的名气，但是他还是一如既往地慷慨和善良。有一次，一位退伍军官来找雷诺阿。他拿着一幅伪造的雷诺阿的画，满脸笑容地对雷诺阿说："雷诺阿先生，我刚刚买了您这幅画，我把所有的积蓄都投进去了，甚至从我的养老金里贷款并抵押了我的小房子。只是，您瞧，没有签名！您给我签个名吧。"雷诺阿一看，这幅画明显是件伪造品，可雷诺阿还是说道："把画留下吧，我会在上面作几处修改的。"于是，雷诺阿把这幅画重新画过后并签上了名。还有一次，一个女孩找到雷诺阿，

雷诺阿作品回顾展　卢浮宫

骑士勋章

她向雷诺阿哭诉道："尊敬的雷诺阿先生，我被一位公证人骗了，除了一幅您的画，我父亲留给我的遗产全被那位公证人骗走了。您能帮我在画上签上您的名字，然后我拿去卖吗？我只有靠它活着了。"家人早就看穿了这个女孩的骗术，阻止雷诺阿给她签名。他笑了笑，说："我早就看穿了她的把戏，这再明白不过了！"家人不理解，就问他："那您为什么要给他们重画和签名呢？"这时，他说出了真正的原因："用画笔画几笔比应付他们经常来找你的麻烦要轻松得多！"他还补充说："至于那位姑娘，我们无法知道她是不是真的被她的公证人骗了。"

1900 年，雷诺阿被政府授予荣誉骑士勋位勋章。他送了一张油画去参加 1900 年的世界画展。随后，共和国政府决定授予雷诺阿荣誉勋位勋章。但是这项荣誉使他很苦恼，接受它吧，他似乎已向敌人妥协，承认了官方的艺术、沙龙、学院式的美术和官方的美术团体；拒绝吧，又像是故作姿态。妻子看到雷诺阿犹豫不决的样子，就开导他说："这是你应得的，不管别人怎么说，这是你画了这么久换来的。你应该去接受它。"雷诺阿听了妻子的建议，他接受了勋章。在授勋仪式举行的那天晚上，雷诺阿给莫奈写了一封信，他在信中说："亲爱的朋友，我听之任之接受了勋章。我之所以没有告诉你，请相信我，并不是我认为我错了或者我对了。我想告诉你的是，这个勋章不会使我们多年的友谊如泥牛入海。”

几天过去了，雷诺阿还没有收到莫奈的回信。他很担心，又给莫奈写了几句话。他说：“今天，甚至在更早的时候，我发现我给你写了一封蠢信，我在想我受勋与否。”

雷诺阿曾认为勋章和奖金是正义感的体现，他接受勋章，并不是为了凭借它获得更大的荣耀。雷诺阿一直不想和官方沾边，而且对一切有组织的团体也不肯置足。但是他又不得不去做那些事。他并不是斗士，他把头埋在沙子里，像一只鸵鸟一样。他对朋友说：“我同意鸵鸟的做法，它比伸着长脖让人信口雌黄的动物要聪明得多！”

荣誉接连到来。1919 年 2 月 19 日，雷诺阿获得了更大的荣誉，那天他被授予三级荣誉勋位。在接受勋章的那一刻，他想站起来，授勋的官员轻轻地对他说：“您可以坐着，您坐着会让我更安心地给您戴上勋章。”勋章已被戴上，在众人的掌声中，雷诺阿发表演讲。他说：“接受这个勋位，我感到很惶恐。一直以来，我最感激的就是我的朋友们，是他们的帮助让我走到了今天。今天，我坐在这里，我知道我的生命快要到尽头了，我终于可以去和我的老朋友叙叙旧了。”提到自己的朋友，那一刻，他的语气很悲伤。“1903 年，我的好朋友毕沙罗去世，三年后，塞尚又离我而去，现在只剩下莫奈了。每一次，在我快要失去勇气的时候，是莫奈为我打气撑腰！”说到这里，雷诺阿的眼泪流了下来。

1919 年 8 月，雷诺阿从疗养地加涅最后一次回到巴黎旅行，巴黎美术学院院长保尔·莱翁邀请他去参观卢浮宫，邀请信中说：“只为您一人开放。”他应邀参观了卢浮宫博物馆。雷诺阿坐在小轿里，从一个展厅被慢慢地抬到另一个展厅，在那幅《夏庞蒂埃夫人肖像》面前，他停下了，对陪同他的好友阿尔贝·安德烈说道：“我终于看到了它挂在它应该挂的地方了！”

画坛“教皇”的离去

雷诺阿自画像

雷诺阿自画像

雷诺阿自画像

雷诺阿夫妇及次子　75 岁　1916 年

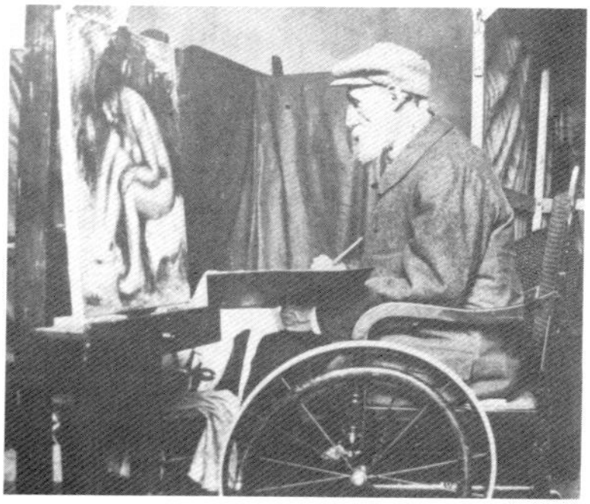

晚年作画时的雷诺阿

雷诺阿画的花

雷诺阿画的花　1866 年

《窗帘前的玫瑰》　1912 年

1919 年 12 月 3 日，雷诺阿因肺充血在加涅逝世，享年 78 岁。雷诺阿在艺术史上留下了永恒的青春活力的印迹，他的生命还在延续……

12 月 3 日那天早晨，他起床后没有吃早餐，他想去画一幅画再吃东西。他让家人把那瓶放在他书桌上的玫瑰花拿来，放到玻璃棚里。他轻声说："我想先画它再吃早餐。"然后他让家人给他拿来画笔，调好色板。但拿来的这支笔不符合他的要求，于是家人便回去重拿。可是等家人再回到他身边的时候，他已经去世了。雷诺阿一生始终满溢着创作的冲动。直到生命的最后一息，他的作品里都没有失去对生活的热爱和对青春的赞美。

雷诺阿的一生并不传奇，但是这样的平淡孕育出了最伟大的艺术。对雷诺阿的一生，各国评论家们异口同声地给予了高度赞美。

1914 年 7 月 13 日，诗人阿波利奈尔在《巴黎日报》上说："昨日，我看到雷诺阿——这位仍在世的最伟大的画家——的近照。他坐在藤椅上，身后是几幅反向的画，背景左边则有一个乡村橱柜。雷诺阿左手紧握座椅，右手靠在左膝上，双腿左右交错。他穿着黑色长裤、灰外套，戴着点状领带、鸭舌帽。双眼发光，表情极为丰富，仿佛他已看尽了生命之美。”

1918年马蒂斯在给法国艺术展写的一篇文章中评价雷诺阿：“雷诺阿的精神，由于他的谦虚以及他对生命的信心，让他在进行努力后，可以大方地展现自我，不因修改而减色。他的作品让我们见到一位艺术家拥有伟大的天分，而且懂得善于发挥这些才能。”

画商杜朗·吕厄说：“雷诺阿即使在病入膏肓时也仍然以其性格力量而使人惊服。他不能走动，甚至不能从坐椅上站起，要两个人去搀扶他，这是很痛苦的！但尽管如此，只要他能拿起画笔，他仍是精神焕发，脸上充满真正幸福的表情。”

英国的贝纳·顿斯坦说：“这种15年如一日的顽强精神，真不愧为一种英雄主义的表现……雷诺阿的精神之伟大，完全仰仗他为生命而作的斗争。与此同时，在为生命而作的斗争中，他又从自己艺术的伟大中得到了支持。”

巴勒斯在《皮埃尔·奥古斯特·雷诺阿》一书中评价雷诺阿：“他的画仿佛透过魔法，只用一抹可爱的色彩、朦胧的微光便足以表达。充满柔情蜜意的柔风在耳畔哼唱，桃子般的脸颊上，有轻轻的绒毛起伏；那樱桃般的嘴唇让人想咬一口，当它微笑时，露出可爱的牙齿。”

对这些荣誉，雷诺阿生前那番谦虚的话早已作出了回应：“我不是天父上帝，是上帝创造了这个世界，我只是临摹这个世界而已。”他还说：“不可以自认为了不起，不过自认为比众人差也不是好事。应该认识自己，知道自己的价值。”

雷诺阿虽然出身贫寒，却天性乐观，思想纯朴，喜欢看到生活中美好的一面。对于人和大自然的美，他有着极其敏锐的艺术感受力。在他的笔下，生活总是充满阳光，他说：“我像一个被抛进水里的瓶塞那样随波逐流，我画画也是稀里糊涂。”他始终认为画画只是满足自己的美感享受，开心最重要！作为印象派绘画大师，他是幸运的，因为大部分印象派画家并没能看到自己成功的那一刻，而雷诺阿，这位长寿的画家，一直在品尝着幸福的生活，正如他画中所描绘的那样，他的生活充满阳光。雷诺阿为了他所钟爱的绘画艺术倾尽了一生，鞠躬尽瘁，死而后已。印象派给西方美术史注入了鲜活的力量，雷诺阿则给印象派增添了甜美的气息。当人们谈论印象派的巨大影响时，不能不提到雷诺阿的功绩。雷诺阿，这个一生平静的人，他的画也和他的为人一样深得人心，受到世人瞩目。当代艺术需要美，当代艺术家需要雷诺阿。真挚高尚的情怀、纯粹而自由的追求，丢弃所有低级诱惑的负累，这就是雷诺阿用他一生的艺术生涯为我们所诠释出的美，这是一种伟大而深刻的美学精神。

附录：雷诺阿年谱

1841年2月25日，出生于利摩日。

1845年全家迁居巴黎。

1854—1859年，在瓷器厂当画工。

1862—1864年，在美术学校听课。其间，经常去格莱尔画室上课，结识了莫奈、塞尚、巴齐耶和西斯莱。

1864年在沙龙首次举办个人画展。

1868年，《打阳伞的莉丝》入选沙龙展。

1870—1871年，普法战争爆发，雷诺阿应征入伍。

1872年参加沙龙画展，《阿尔及利亚风格的巴黎女郎》落选。

1873年搬到了巴黎圣乔治街三十五号的画室与弟弟爱德蒙同住。参加沙龙展，《阿尔及利亚风格的巴黎女郎》和《布洛涅森林中的骑马小径》都落选。

1875年3月23日至24日，与莫奈、西斯莱和莫里索一起，在德和屋拍卖行拍卖作品。

1876年结识出版商乔治·夏庞蒂埃夫妇。

1877年5月28日，在德和屋拍卖行第二次拍卖作品。

1879 年 4 月—5 月，拒绝参加印象派画家第四次画展。5 月—6 月，《夏庞蒂埃夫人和她的孩子们》肖像画在沙龙画展上获得成功。

1880 年夏秋间，与阿里娜·夏丽戈（1859—1915）相遇。

1881 年 3 月—4 月，居阿尔及利亚。回来后与阿里娜·夏丽戈结婚。1881 年秋至 1882 年 5 月，旅游意大利，参观威尼斯、佛罗伦萨、罗马、那不勒斯以及加拉布里亚地区和卡普里岛。

1885 年 3 月 21 日，长子出生，取名皮埃尔。

1886 年回归印象派。

1888 年 2 月，在塞尚家的“布方羊圈”和马尔提克小住。

1890 年 5 月—6 月，在沙龙举办最后一次画展。

1892 年 4 月，国家购买《弹钢琴的少女》一画。

1894 年 9 月 15 日，次子出生，取名让。

1895 年 12 月，在妻子阿里娜的家乡买下一幢房屋。从此直到去世，每年都要到那里小住。

1897 年遭遇事故，患上风湿病。

1898 年 2 月，首次在加涅小住。10 月，旅游荷兰海牙、阿姆斯特丹。

1900 年 8 月 16 日，被授予骑士荣誉勋位。

1901 年 8 月 4 日，三子出生，取名克洛德。

1902 年风湿病加重，左眼视神经部分萎缩，关节炎发作。

1904 年秋季沙龙展，展出 35 件作品。

1907 年在加涅的科莱特买下一个庄园，并建了一幢房屋。

1908 年首次与马约尔在爱索瓦从事雕塑创作试验。

1911 年 10 月 20 日，被授予四级荣誉勋位。6 月，偏瘫发作，从此再也不能行走。

1914 年 6 月 4 日，三幅新作由伊萨克・德・加蒙多捐献给卢浮宫博物馆。

1915 年 6 月 27 日，阿里娜・雷诺阿在尼斯逝世。

1919 年 2 月 19 日，被授予三级荣誉勋位。8 月，应美术学院院长保尔・莱翁之邀，参观卢浮宫博物馆。

1919 年 12 月 3 日，因肺充血在加涅逝世，享年 78 岁。12 月 6 日，举行葬礼。